北京市基础教育干部教师培训发展报告（2021—2022）

北京市教师发展中心　编著

图书在版编目(CIP)数据

北京市基础教育干部教师培训发展报告 . 2021—2022/北京市教师发展中心编著 . —北京：首都师范大学出版社，2023. 8
ISBN 978-7-5656-7685-7

Ⅰ. ①北… Ⅱ. ①北… Ⅲ. ①基础教育—教师培训—研究报告—北京—2021—2022 Ⅳ. ①G635. 12

中国国家版本馆 CIP 数据核字(2023)第 144733 号

BEIJINGSHI JICHU JIAOYU GANBU JIAOSHI PEIXUN FAZHAN BAOGAO(2021—2022)
北京市基础教育干部教师培训发展报告(2021—2022)
北京市教师发展中心　编著

责任编辑　王兰玉
首都师范大学出版社出版发行
地　址　北京西三环北路 105 号
邮　编　100048
电　话　68418523(总编室)　68982468(发行部)
网　址　http://cnupn. cnu. edu. cn
印　刷　中煤（北京）印务有限公司
经　销　全国新华书店
版　次　2023 年 8 月第 1 版
印　次　2023 年 8 月第 1 次印刷
开　本　710mm×1000mm　1/16
印　张　7. 25
字　数　101 千
定　价　25. 00 元

编 委 会

序　言

习近平总书记提出“教师是教育工作的中坚力量，有高质量的教师，才会有高质量的教育”。教师质量是教育事业发展的重要基础与保障。2018年，中共中央、国务院颁布了《关于全面深化新时代教师队伍建设改革的意见》，教师队伍建设工作受到前所未有的关注。教育部等多部门也先后颁布有关教师队伍建设的系列文件。2022年，教育部等八部门印发《新时代基础教育强师计划》，再次强调了高质量教师是高质量教育发展的中坚力量。

教师培训作为教师队伍建设的重要组成部分，一直以来都是国家高度重视的工作。1949年12月23日，教育部在北京召开第一次全国教育工作会议，提出加强教师轮训和在职学习、培养大批称职教师的工作目标。经过70多年的发展，从国家到省、地市、区县、学校，基本形成了由教师培训机构、培训队伍、制度、平台、课程、基地等要素构成的相对系统、完备的培训体系。

北京市在国家教师队伍建设相关精神与要求的指导下，坚持规划先行，系统设计，统筹推进，创新驱动。从“十一五”到“十四五”，构建了市区校三级联动、协作共建的干部教师培训体系。进入“十四五”，建设高质量干部教师培训体系，促进高水平教师队伍建设，已成为市区校三级干部教师培训政策制定者、研究者与实践者共同追求的目标。在建设高质量培训体系进程中，首先要做好对国家及北京市相关政策的深入理解、贯彻落实；其次要基于北京市教师队伍实际做好超前谋划及创新探索。北京市教师发展中心作为北京市委教育工委、市教委为统筹全市干部教师全生命周期专业发展设立的直属单位，自2021年8月成立以来一直以服务首都教师队伍建设决策，助力干部教师培训体系高质量发展为目标，全力做好服务决策、统筹管理、业务指导、质量监督等工作。北京市教师发展中心也希望通过

《北京市基础教育干部教师培训发展报告(2021—2022)》(以下简称《报告》)的编写，从政策视角、理论视角及实践视角，对北京市基础教育教师队伍建设的重大政策、典型案例、未来发展趋势进行分析。《报告》从量化数据分析及质性案例描述，从培训数据调研到领域关键学者访谈等几个层面，系统呈现 2021—2022 年北京市基础教育教师队伍建设的阶段性成果，传递首都在“干部教师培训”上的经验与探索。此外，《报告》也将作为传承与创新首都基础教育教师队伍建设工作的重要档案资料。

《报告》分为四个部分：第一部分为政策分析篇，这部分系统梳理 2021 年到 2022 年党中央及北京市颁布的教师队伍建设的相关政策，并呈现北京在党中央政策引领下对全市干部教师培训工作的顶层设计思路；第二部分为发展现状篇，这部分呈现了全市教师培训者队伍情况及市区两级 2021—2022 年培训总体规模等基本信息，便于总览全市及各区培训情况；第三部分为实践案例篇，这部分展示了市区两级在干部教师培训上落实党中央文件精神的探索及创新；第四部分为未来发展篇，这部分力图通过政策分析、干部教师培训情况调研、领域内关键学者访谈，提出未来 1—2 年干部教师培训工作重点关注的趋势与方向，为后续推动干部教师培训工作高质量发展提供参考借鉴。

《北京市基础教育干部教师培训发展报告(2021—2022)》得以顺利出版，要感谢市教委领导对报告撰写工作的指导；要感谢市区两级教师培训机构的领导与教师们给予的支持与配合、贡献的实践智慧；更要感谢专家们为本书提供的宝贵建议。北京市教师发展中心也期待以《北京市基础教育干部教师发展报告(2021—2022)》为载体，就“十四五”时期高质量干部教师培训体系建设与全国同行加强交流，共同研究，为基础教育教师队伍建设发出北京声音，传递北京经验，做出北京贡献。

本书编写组
2022 年 12 月

目　录

CONTENTS

第一章　政策分析篇

——新时代教育发展的国家战略与北京行动

“十四五”时期，是实现“两个一百年”奋斗目标的历史交汇期，是贯彻落实党的二十大精神，全面深化新时代教师队伍建设改革的关键时期，也是《国家中长期教育改革和发展规划纲要(2010—2020年)》收官和《中国教育现代化2035》起步的衔接期。自2018年党中央出台《关于全面深化新时代教师队伍建设改革的意见》以来，教师队伍建设工作受到前所未有的关注。进入“十四五”，中共中央办公厅、国务院办公厅、教育部关于基础教育改革与教师队伍建设先后出台了相关政策，以保障教师队伍能为民族复兴、国家发展培养大量可靠的建设者与接班人。作为首都，北京市抓住机遇，超前布局，以更高远的历史站位、更宽广的国际视野、更深邃的战略眼光对首都基础教育干部教师队伍建设做出战略部署和总体设计，推动首都基础教育干部教师培训工作不断朝着更高质量、更有效率、更加公平、更可持续的方向前进。编写组对2021—2022年中共中央办公厅、国务院办公厅、教育部及北京市下发的基础教育及教师队伍建设的相关文件进行了梳理与分析，以便于深入领会文件精神，把握干部教师培养方向，促进干部教师队伍高质量发展。

第一节　国家战略：建设高质量教育体系

习近平总书记立足全面建设社会主义现代化国家、全面推进中华民族伟大复兴战略高度，紧密围绕“培养什么人、怎样培养人、为谁培养人”这一教育的根本问题，发表系列重要讲话、做出系列重要指示批示，提出许多新理念新思想，为教育事业发展提供了根本遵循。为贯彻习近平总书记关于教育的重要论述，2021年以来，中共中央办公厅、国务院办公厅印发了《关于进一步减轻义务教育阶段学生作业负担和校外培训负担的意见》；中共中央办公厅印发了《关于建立中小学校党组织领导的校长负责制的意见(试行)》；教育部先后印发《革命传统进中小学课程教材指南》《中华优秀传统文化进中小学课程教材指南》《义务教育质量评价指南》《习近平新时代中国特色社会主义思想进课程教材指南》《“十四五”学前教育发展提升行动计划》《“十四五”县域普通高中发展提升行动计划》《普通高中学校办学质量评价指南》《义务教育课程方案和课程标准(2022 年版)》《新时代基础教育强师计划》等系列文件。从印发的文件来看，其核心指向便是“高质量教育体系”建设，高质量教育体系则直接服务于“为党育人，为国育才”的育人使命。

教育部党组书记、部长怀进鹏在《加快推进教育高质量发展 奋力谱写贯彻落实党的二十大精神教育华章》中提到：“党的十八大以来，习近平总书记对教育事业特别是培养社会主义建设者和接班人工作高度重视，围绕培养什么人、怎样培养人、为谁培养人这一教育的根本问题，就教育改革发展提出一系列新理念新思想新观点，突出强调要坚持党对教育事业的全面领导，坚持把立德树人作为根本任务，坚持优先发展教育事业，坚持社会主义办学方向，坚持扎根中国大地办教育，坚持以人民为中心发展教育，坚持深化教育改革创新，坚持把服务中华民族伟大复兴作为教育的重要使命，坚持把教师队伍建设作为基础工作，为新时代教育发展提供了根本遵循。”[①]教育部教师工作司任友群司长提出“教师作为教育发展的第一资源，为高质量教育体系建设，为推进教育现代化、建设教育强国、办好人民满意的教育提供有力的人力资源保障”。[②] 第十三届全国政协委员、第十三届全国政协教科卫体委员会委员管培俊提到高质量的教育体系是以正确政治方向和价值导向引领的“高水平人才培养体系”；高质量教育体系也是高素质教师队伍支撑的教育体系。[③] 国家颁布的相关文件在如下几个层次上强化了高质量教育体系和教师队伍支撑体系的特征。首先，从价值引领的角度抓方向，强化了革命传统、优秀文化传统、习近平新时代中国特色社会主义思想、“党的领导”相关内容进课程、进教材；强调了建立党组织领导的校长负责制，加强对人才培养的政治方向与价值导向引领。其次，从评价、标准等角度抓质量，通过义务教育质量评价、普通高中办学质量评价、

① 怀进鹏：《加快推进教育高质量发展 奋力谱写贯彻落实党的二十大精神教育华章》，《学习时报》，2023 年 1 月 1 日。http：//www.moe.gov.cn/jyb_xwfb/moe_176/202301/t20230102_1037709.html.

② 任国平、程路：《以高质量教师队伍支撑高质量教育体系建设——访教育部教师工作司司长任友群》，《人民教育》，2022 年第 5 期，第 29—32 页。

③ 管培俊：《建设高质量教育体系是教育强国的奠基工程》，《教育研究》，2021 年第 3 期，第 12—15 页。

学前教育发展提升行动计划、县域高中发展提升行动计划，强化了对办学、办园及育人过程及质量的管理。再次，从教师队伍建设的角度抓关键群体，《新时代基础教育强师计划》对教师队伍高质量发展做出了系统布局，提出基础教育教师队伍建设要坚持师德为先、质量为重、突出重点、强化保障。《新时代基础教育强师计划》作为建设高质量基础教育教师队伍的路线图，强调在构建具有中国特色的教师教育体系中，其中重要一步就是教师在职发展方面，要实施教师精准培训改革，完善自主选学机制，搭建教师培训与学历教育衔接的“立交桥”。加强教师发展机构建设，让教师有身边的、高水平的专业发展支持力量。此外，也强调要推进人工智能助推教师队伍建设试点行动，提升教师的数字素养，帮助教师掌握并使用信息技术手段改进教学。多渠道开发汇聚优质的教师数字化学习资源，让更多教师通过信息化的手段来共享优质教育教学、教师研修资源。①

综上，党中央在育人的方向引领、价值引领、质量保障上提出了非常明确的要求，教师队伍建设(本《报告》重点关注干部教师培训工作)要紧紧围绕方向、价值与质量这些关键内容，在职前与在职培养上，做好目标设计、内容设计、方式创新、过程管理与效果评价等工作。政策制定部门、研究机构、培训机构、学校等相关机构对培训工作发展的整体把握，对教师队伍建设发展有着重要的支持作用。北京市有必要对干部教师培训工作的现状、存在问题、经验与成效、未来趋势等方面做出客观分析、研判，为贯彻落实教师队伍建设的“国家战略”，探索实践教师队伍建设的“北京行动”做好决策服务与支持工作。

第二节　北京行动：建设高质量培训体系

高水平教师队伍是构建高质量教育体系的关键所在。在建设高质量教育体系过程中，北京市多角度系统发力，其中重要一环就是建设高质量干部教师培训体系，以支持高质量干部教师队伍建设。2021 年，市政府印发

① 参看 2022 年 4 月 14 日教育部召开新闻发布会介绍《新时代基础教育强师计划》有关情况。http://www.moe.gov.cn/fbh/live/2022/54369/twwd/202204/t20220414_617543.html.

《北京市“十四五”时期教育改革和发展规划(2021—2025 年)》[①]，旗帜鲜明地提出要建设高素质专业化创新型教师队伍，提升教师思想政治素质和师德师风水平，提升教师教书育人能力素质，完善教师专业化发展体系。进入“十四五”以来，北京市委教育工委、市教委对标党中央有关教师队伍建设的相关文件精神，发布了与干部教师培训工作相关的系列文件。包括《“十四五”时期北京市中小学干部教师培训工作方案》《“十四五”时期北京市中小学幼儿园教师培训学分管理办法》《进一步加强中小学校本研修工作指导意见》[②]等。对“十四五”时期北京市中小学干部教师培训工作进行了顶层设计，做出了整体要求，明确了重点工程，规范了学分管理及重点人群的规范化培训要求。上述系列文件的印发也体现了北京市在“十四五”时期对干部教师培训工作的总体统筹思路。

一、整合职能，形成合力促高质量发展

2018 年 9 月，中共北京市委、北京市人民政府印发《关于全面深化新时代教师队伍建设改革的实施意见》，明确提出“要支持教师队伍建设专业机构研究教师队伍建设重大问题，为重大决策提供支撑，建立北京市教师发展中心”[③]。“十四五”时期，经过反复酝酿设计，北京市委教育工委、市教委对负责干部教师队伍建设的相关单位在机构、职能与人员上进行了调整。2021 年 8 月 31 日，北京市教师发展中心成立。在市教委的领导下，在北京教育学院的指导下，北京市教师发展中心负责基础教育、职业教育、高等教育教师职前教师资格认定，职后教师继续教育、职称及荣誉称号评审等工作。其中，基础教育教师(含干部)发展部负责统筹全市中小幼干部教师培训规划及文件研制、市级重点培训工作的统筹设计、培训工作的研

① 《北京市“十四五”时期教育改革和发展规划(2021—2025 年)》。http://www.gov.cn/xinwen/2021-10/06/content_5641123.htm.

② 北京市教育委员会关于印发《进一步加强中小学校本研修工作指导意见》的通知。http://jw.beijing.gov.cn/xxgk/zfxxgkml/zfgkzcwj/zcqtwj/202206/t20220610_2734080.html.

③ 中共北京市委、北京市人民政府《关于全面深化新时代教师队伍建设改革的实施意见》。http://www.moe.gov.cn/jyb_xwfb/xw_zt/moe_357/jyzt_2018n/2018_zt03/zt1803_ls/201810/t20181018_352010.html.

究与宣传、过程指导评估以及成果的凝练与转化应用等相关工作。伴随着北京市教师发展中心的成立，北京市干部教师培训工作融入了新的组织机构，形成了新的工作布局。

二、研制规划，做好高质量培训顶层设计

为确保“十四五”时期全市干部教师培训工作方向正确、路径清晰、流程规范、有序开展，市委教育工委、市教委印发《“十四五”时期北京市中小学干部教师培训工作方案》。为保障工作方案的设计能够有政策依据、理论高度；能够体现趋势引领；更能够关注需求和解决实际问题，体现首都站位和专业水平，起草组从政策维度、理论维度、实践维度切入，围绕这三个维度重点做了四方面的工作。第一是做好政策分析，确保方向准确。通过分析党中央、教育部、北京市发布的关于基础教育、教师队伍建设的系列相关文件，统计其中的高频词，如思政、师德师风、质量、教书育人、高质量发展、五育并举、乡村，这些多次被提及的关键词是需要重点关注的内容。第二是做好理论研究，确保理论高度。起草组通过名校长及高校有影响力的研究者的著作以及领域内关键学者的访谈，保障工作设计有理论指导。在与领域内关键学者的访谈中，发现学者们也高度关注干部教师的思想政治素质、师德修养、业务能力及系统思维。第三是做好领域追踪，确保培训工作在继承中有发展、有创新。起草组关注教育发达省市的典型实践，专程赴上海调研座谈，确保工作设计能体现发展性。第四是需求聚焦，确保方案研制基于需求导向。起草组组织召开了多次调研会，聚焦问题，关注需求。在市、区、校多方的共同努力下，形成“十四五”时期的总体工作方案。为了能更好地贯彻方案的相关要求，体现“十四五”教师培训工作的发展与创新，市教委又先后颁布了《“十四五”时期北京市中小学幼儿园教师培训学分管理办法》《进一步加强中小学校本研修工作指导意见》《北京市中小学新教师规范化培训指导意见》。

工作方案及相关配套制度文件是高质量培训体系的重要体现，整体培训工作针对重点人群、重点内容、重点区域和改革创新发力。第一，在重点人群的选择上，关注高端人才、新教师、学前教师、思政课教师、紧缺

急需学科教师、研修(教研)员及培训者。重点人群的培训需要在原有基础上，实现从数量到质量、从规范性到科学性的系统提升。举例来说，为系统有效地应对北京市高端人才培养不足的问题，北京市教委通过"教育家涵养工程""卓越校长培养项目""新时代名师名校长发展工程""特级教师工作室"以及"优秀中青年骨干校长教师素质提升项目"，实现干部教师队伍高端人才从数量到质量的显著提升。第二，关注重点内容，通过公共必修课及专项培训，实现干部教师的思想政治素质、师德修养、教育政策与理论水平、学生理解与家校共育能力的提升。第三，关注重点区域，如乡村校长及教师和城市副中心校长及教师整体水平的提升。第四，关注改革创新，如北京市实施的开放型在线研修就是有效发挥全市优质教师作用，实现供给与需求精准匹配的创新探索。

从市级角度，北京市教师发展中心将系统贯彻落实市教委关于中小幼教师培训工作的有关举措，与市、区干部教师培训机构协同，从培训的相关制度、平台、课程、基地、成果等多方面发力，打造高质量培训体系。

三、涵养师德，多举措夯实高素质教师核心素养

《北京市"十四五"时期教育改革和发展规划(2021—2025 年)》明确提出始终坚持把思想政治和师德师风建设摆在教师队伍建设的首位，把师德表现作为教师资格定期注册、业绩考核、职称评聘、评优奖励的首要条件。完善大中小幼一体化的师德建设体系，持续推动师德建设常态化、长效化。加强教师职业理想、职业道德、法治和心理健康教育。[①]《"十四五"时期北京市中小学干部教师培训工作方案》将教师政治素质与师德修养提升作为全市教师公共必修课最为重要的内容，做到全员覆盖、系统提升。市教委多措并举，在保障全员覆盖的基础上做好德育队伍(班主任、心理教师、思政课教师)的培训，实现了从价值引领到实践分享、从长期浸润到榜样示范、从问题追踪分析到聚焦典型治理的系统提升。市教委将提升教师思想政治

① 《北京市"十四五"时期教育改革和发展规划(2021—2025 年)》。http://www.gov.cn/xinwen/2021-10/06/content_5641123.htm.

素质和师德素养培训作为“十四五”时期教师培训的第一项重点工作。此外，北京市教委与北京师范大学合作，开展师德专题教育，强化习近平新时代中国特色社会主义思想、社会主义核心价值观、“四史”学习教育。学习习近平总书记关于师德师风的重要论述，开展师德优秀典型先进事迹宣传学习，引导教师学习践行新时代师德规范，集中开展师德警示教育和教师诚信教育。强化教育法律法规、教师心理健康等专题培训。强化德育队伍专项培训，发挥市级骨干班主任的辐射带动作用，引导德育队伍做好立德树人工作。除了做好方向与价值引领，也结合师德师风违规及投诉问题，做好全市中小学、幼儿园教师师德师风问题数据动态分析，聚焦核心问题、核心区域，进行针对性治理。

四、关注校本，强化学校对教师发展的重要作用

为能更好地体现市、区、校三级培训对教师学习的引领、带动，应充分发挥学校作为教师学习成长的主阵地作用，减轻教师学习负担。“十四五”时期，随着“双减”政策的落地，同时受新冠肺炎疫情等不确定因素的影响，教师的学习时间与空间面临挑战。学校作为教师工作、学习的重要场所，应该发挥更大作用。通过学分结构的调整，校本研修的学分由原来的10分增加到12分，进一步强化学校在教师学习中的重要作用。在“十三五”时期，部分学校成为市级校本研修示范校，但区域之间与校际的差异仍旧明显。为促进区域与校际均衡发展，让更多学校发挥在教师专业发展上的作用，实现均衡发展，在学分调整的基础上，市教委专门颁布了《进一步加强中小学校本研修工作指导意见》，明确要求学校要健全研修机制、构建课程体系、规范组织管理，这对各区培训机构与学校都是一个重要的发展契机。“十四五”时期，各区培训机构及学校都将进一步提高对校本研修重要性的认识。学校从校本研修规划、方案、规章制度建设，到校本研修课程体系建设、校本研修指导队伍建设等方面持续研究，需要在开展校本研修工作的规范性、系统性上深入探索；培训机构则需要将重心下移，加强对校本研修的指导、监督与评估，带动更多的薄弱校、乡村校在校本研修上实现高质量发展。北京市教师发展中心将在市教委的领导下，加强对校

本研修成果的遴选、凝练与推广。

五、规范培训，促进关键群体均衡发展

“十四五”时期，市级培训应做好关键群体、重点人群的示范性、引领性、具有改革探索意义的干部教师培训。对于部分重点人群培训，将给予各区培训机构以更大的自主权，如校长任职资格培训、新任教师培训。市级通过研制规范化培训工作制度，以制度要求、过程监督及考核评估的方式实现区域培训质量的均衡发展。市教委印发了《关于进一步规范北京市中小学校领导人员任职资格培训工作的通知》，从培训目标、培训流程、课程标准、考核评价、证书发放等方面都做出规范化要求。《北京市中小学新教师规范化培训指导意见》《北京市幼儿园新入职教师规范化培训指导意见》对新任教师培训也提出了 3 年规范化培训要求，明确了由区级培训机构对新教师、新教师任职学校以及培训实践基地进行考核。这种转变也在传递一个信号，即越来越关注培训的规范化，将培训的主导权、主动权逐渐赋予各区、学校。但在放权的同时，北京市教委将组织北京市教师发展中心通过过程指导、帮扶，总结评估考核的方式来实现对质量的把控。

六、研究赋能，深化高质量培训体系建设

《“十四五”时期北京市中小学干部教师培训工作方案》明确了要做好培训研究和培训宣传工作。《进一步加强中小学校本研修工作指导意见》《北京市中小学新教师规范化培训指导意见》中也提到要从市级角度凝练、展示、宣传培训成果。北京市教师发展中心依托“北京市教师发展中心”公众号、课题研究平台、发展报告编写、书籍出版等工作，致力于以融媒体、立体化的方式为市、区、校培训者搭建研究、宣传交流平台，展示市、区、校的培训研究成果。2021 年，北京市教师发展中心对干部教师科研课题管理办法进行了进一步修订，希望借助培训研究工作，建立更为成熟完善的培训研究生态，通过市级引领，实现区校培训者队伍科研意识的强化与科研能力的提升，深化对培训工作规律的认识，形成对培训成果的梳理与提炼

能力。

高质量培训体系的建设须由市、区、校协同攻坚，共同构建，“十四五”时期，北京市教师发展中心将在北京市教委人事处的领导下，在北京教育学院的指导下，为市、区培训机构营造更为完善的政策、理论学习环境，搭建更为多元的实践交流平台，提供更为灵活的协同发展机会。

第二章　发展现状篇

——数说北京市基础教育干部教师培训概况

“十四五”时期，北京市以建设高质量、专业化的基础教育干部教师队伍为目标，不断加强干部教师培训力度。本章根据教育部 2021 年教育统计数据和北京市区干部教师培训机构报送的数据，从培训对象规模、培训项目情况、培训者队伍情况等方面，较为全面地展现了 2021—2022 年我市基础教育干部教师培训的整体情况。

第一节　北京市基础教育干部教师培训对象总体规模

2021 年，北京市共有中小学校、幼儿园、特殊教育学校、中等职业学校教职工 266613 人，其中专任教师(含保育员)207495 人、行政人员 16322 人、教辅人员 18176 人、工勤人员 19422 人、其他人员 5198 人[①](见图 2-1)。

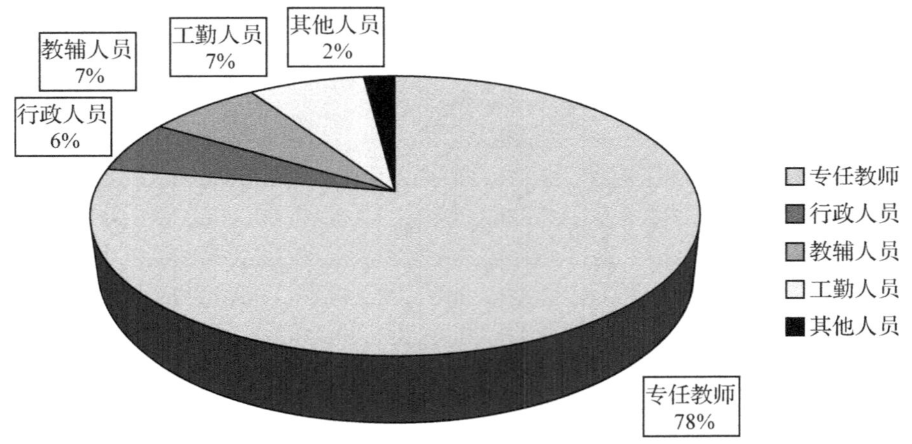

图 2-1　北京市基础教育教职工总体规模

在教育工委组织部门备案的基础教育校级干部共 5132 人，包括正职校(园)长、党组织书记、副职校(园)级领导干部。2022 年基本保持平稳，为 5266 人(见图 2-2)。

① 数据来源：教育部网站，2021 年教育统计数据。

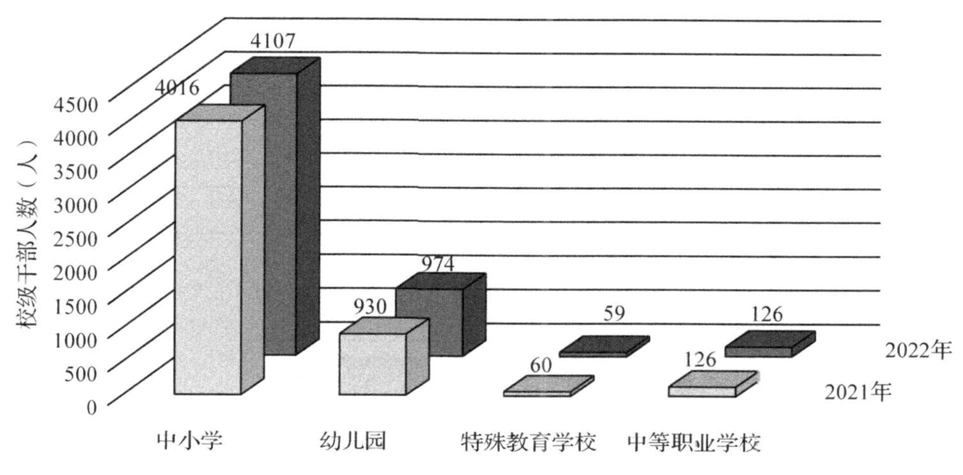

图 2-2 北京市基础教育校级干部人数

第二节 北京市基础教育干部教师培训项目情况

为进一步贯彻落实《“十四五”时期北京市中小学干部教师培训工作方案》要求，打造高素质、专业化、创新型干部教师队伍，北京市充分发挥专业干部教师培训机构、高等院校、科研院所各自优势，开展干部教师培训。2021—2022 年市级层面的教师培训主要由北京教育学院、首都师范大学教师教育学院、北京师范大学承担；教育干部培训主要由北京教育学院和首都师范大学教育学院承担。区级层面的干部教师培训主要由各区干部教师培训机构独立或与高校合作完成。

2021 年全市共开展市、区级干部教师培训项目 792 个，培训 517896 人次，完成 53967 课时；2022 年全市共开展市、区级干部教师培训项目 852 个，培训 610365 人次，完成 56218 课时。与 2021 年相比，2022 年培训项目数量、培训人次、培训课时均有所增长，具体情况见表 2-1。

表 2-1 北京市基础教育干部教师培训整体情况

培训信息	2021 年	2022 年	增长率
培训项目(个)	792	852	7.58%
培训人数(人次)	517896	610365	17.85%
培训课时(课时)	53967	56218	4.17%

线上课时占比由 2021 年的 57.03%上升到 2022 年的 70.29%(见图 2-3)。

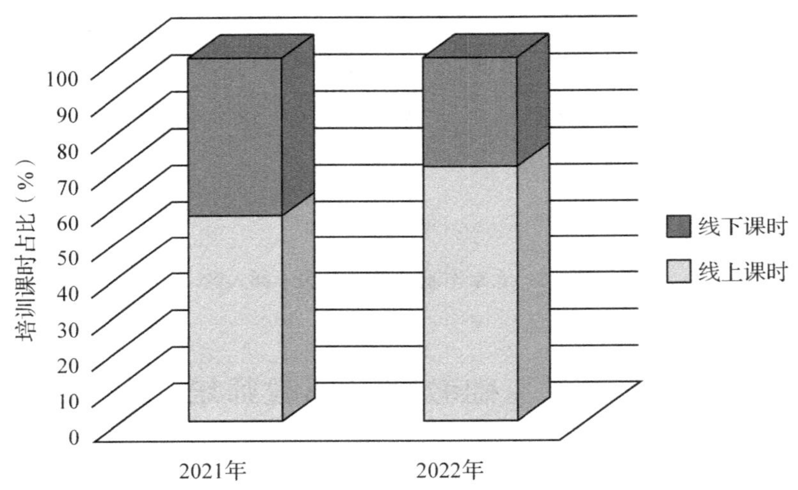

图 2-3 北京市基础教育干部教师培训课时占比

一、教师培训项目情况

2021 年全市共开展教师培训项目 633 个，培训 489959 人次，完成 40872 课时；2022 年全市共开展教师培训项目 677 个，培训 563684 人次，完成 42186 课时。具体情况见表 2-2。

表 2-2　北京市基础教育教师培训整体情况

培训信息	2021 年	2022 年	增长率
培训项目(个)	633	677	6.95%
培训人数(人次)	489959	563684	15.05%
培训课时(课时)	40872	42186	3.21%

线上课时占比由 2021 年的 60.35%上升到 2022 年的 73.83%(见图 2-4)。

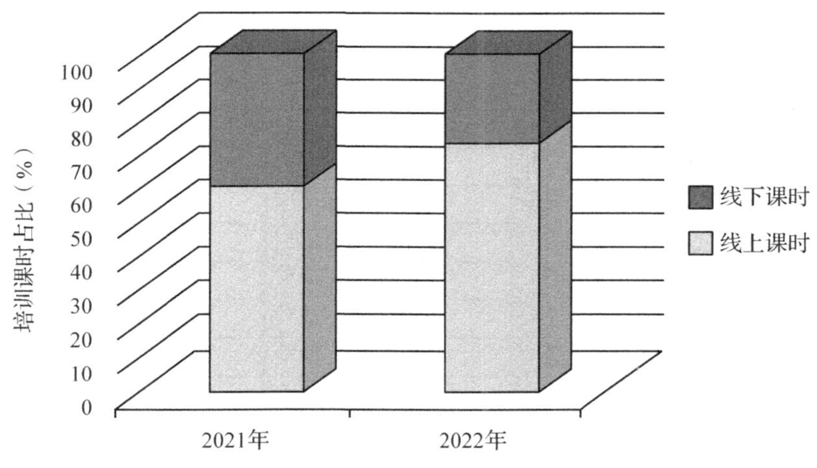

图 2-4　北京市基础教育教师培训课时占比

1. 市级培训情况

2021 年市级培训机构共开展教师培训项目 21 个，主要涉及青年教师培训、骨干教师培训、名师培训、学科培训以及援助培训，培训 10565 人次，完成 2317 课时；2022 年市级培训机构共开展教师培训项目 22 个，培训 11370 人次，完成 2161 课时。具体情况见表 2-3、图 2-5。

表 2-3　各类市级教师培训情况

培训类别	培训项目(个)		培训人数(人次)		培训课时(课时)	
	2021 年	2022 年	2021 年	2022 年	2021 年	2022 年
青年教师培训	4	4	1323	1455	441	441
骨干教师培训	3	3	584	770	440	440
名师培训	7	4	460	348	790	380
学科培训	4	3	6298	4917	510	360
援助培训	3	8	1900	3880	136	540
合计	21	22	10565	11370	2317	2161

图 2-5　各类市级教师培训人数占比

市级教师培训线上课时占比由 2021 年的 90.1%提高到 2022 年的 93.71%(见图 2-6)。

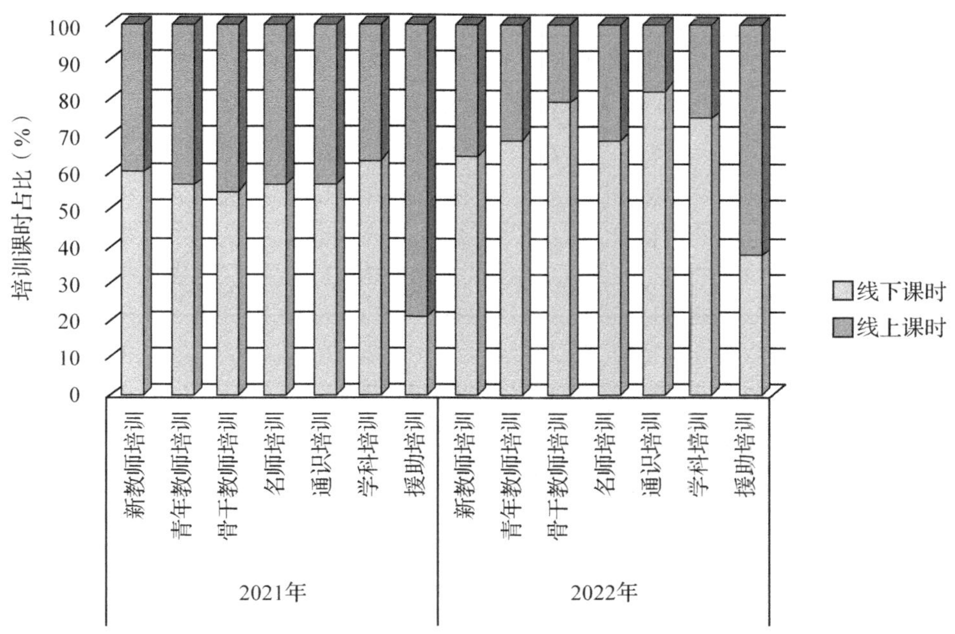

图 2-6 各类市级教师培训课时占比

2. 区级培训情况

2021 年全市各区共开展教师培训项目 612 个，主要涉及新教师培训、青年教师培训、骨干教师培训、名师培训、通识培训、学科培训以及援助培训，培训 479394 人次，完成 38555 课时；2022 年全市各区共开展教师培训项目 655 个，培训 552314 人次，完成 40025 课时。具体情况见表 2-4 与图 2-7。

表 2-4 各类区级教师培训情况

培训类别	培训项目(个)		培训人数(人次)		培训课时(课时)	
	2021 年	2022 年	2021 年	2022 年	2021 年	2022 年
新教师培训	36	35	15692	15155	3443	3180
青年教师培训	30	26	13203	12350	1330	1392
骨干教师培训	50	71	9354	18354	5271	5562
名师培训	31	43	5203	7555	4390	5284

续表

培训类别	培训项目(个)		培训人数(人次)		培训课时(课时)	
	2021 年	2022 年	2021 年	2022 年	2021 年	2022 年
通识培训	65	74	211545	248012	2729	5107
学科培训	388	395	196578	223461	20140	18162
援助培训	12	11	27819	27427	752	1338
合计	612	655	479394	552314	38555	40025

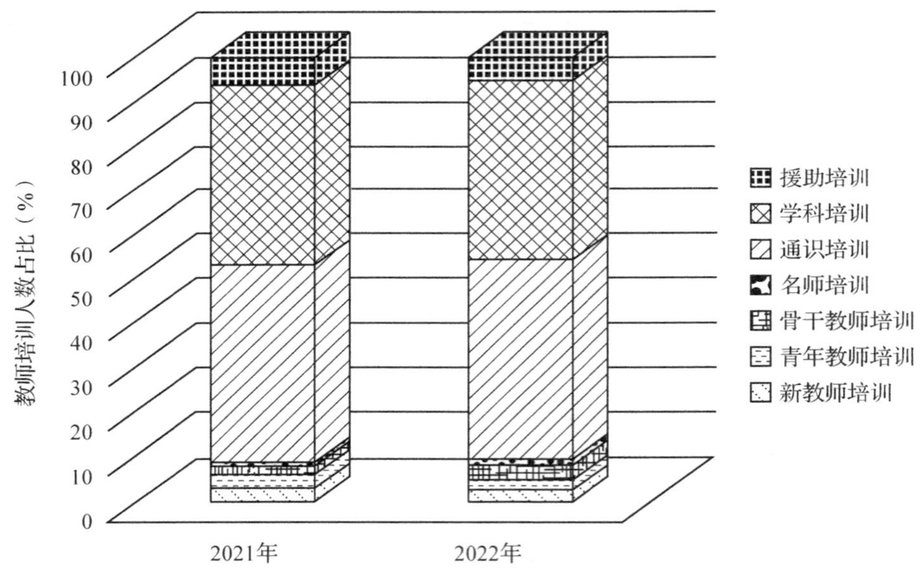

图 2-7　各类区级教师培训人数占比

区级教师培训线上课时占比由 2021 年的 58.71%提高到 2022 年的 72.76%(见图 2-8)。

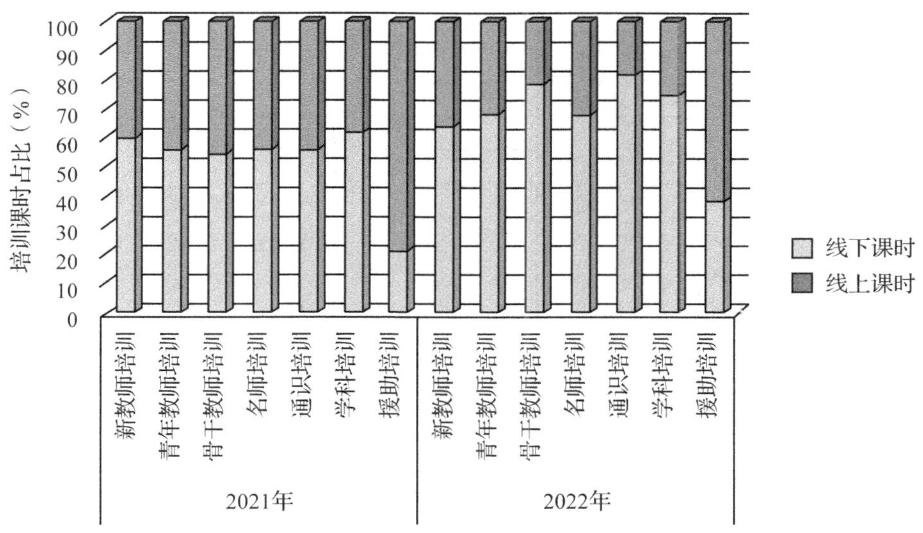

图 2-8 各类区级教师培训课时占比

二、干部培训项目情况

2021 年全市共开展教育干部培训项目 159 个，培训 27937 人次，完成 13095 课时；2022 年全市共开展教育干部培训项目 175 个，培训 46681 人次，完成 14032 课时。具体情况见表 2-5。

表 2-5 北京市基础教育干部培训整体情况

	2021 年	2022 年	增长率
培训项目(个)	159	175	10.06%
培训人次(人次)	27937	46681	67.09%
培训课时(课时)	13095	14032	7.16%

线上课时的占比由 2021 年的 46.64%上升到 2022 年的 59.65%(见图 2-9)。

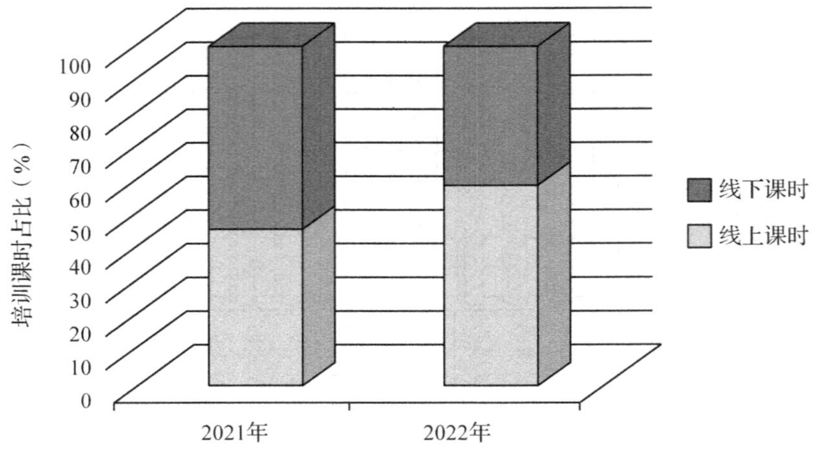

图 2-9　北京市基础教育干部培训课时占比

1. 市级培训情况

2021 年市级培训机构共开展教育干部培训项目 15 个，主要涉及提高培训、高级研修培训、援助培训及其他培训，培训 773 人次，完成 1556 课时；2022 年市级培训机构共开展教育干部培训项目 17 个，培训 917 人次，完成 1094 课时。具体情况见表 2-6。

表 2-6　各类市级教育干部培训情况

培训类别	培训项目(个)		培训人数(人次)		培训课时(课时)	
	2021 年	2022 年	2021 年	2022 年	2021 年	2022 年
提高培训	9	9	671	630	1040	678
高级研修培训	4	5	72	105	420	32
援助培训	1	2	15	43	56	184
其他培训	1	1	15	139	40	200
合计	15	17	773	917	1556	1094

校级干部是市级干部培训的主要对象，具体情况见图 2-10、图 2-11。

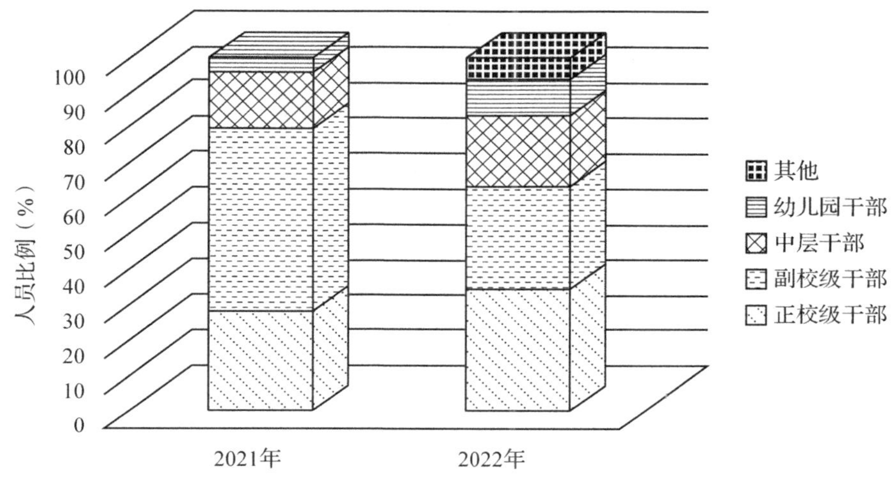

图 2-10 市级教育干部培训人员比例

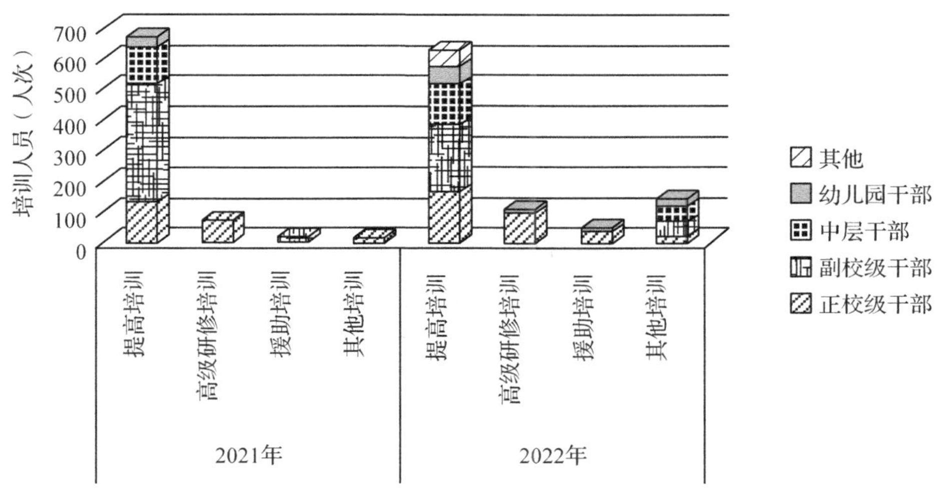

图 2-11 各类市级教育干部培训人员情况

市级教育干部培训线上课时占比由 2021 年的 90.75%上升到 2022 年的 97.81%(见图 2-12)。

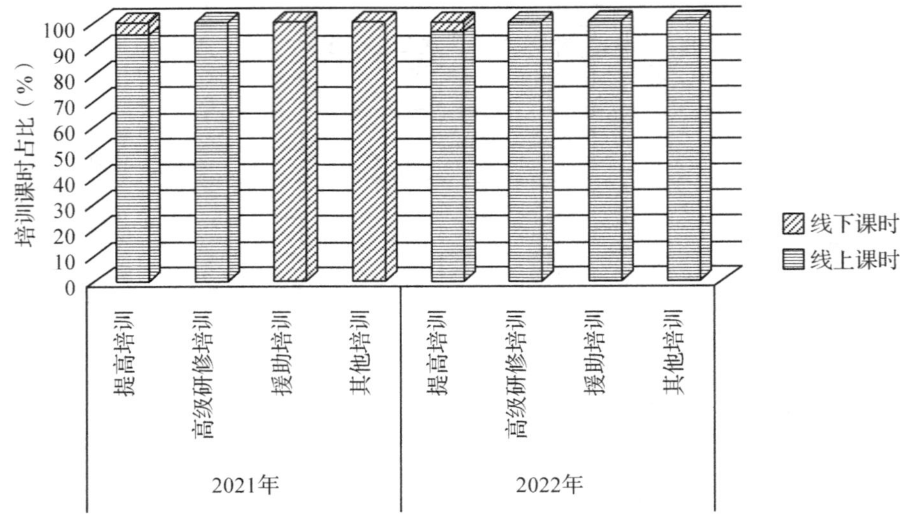

图 2-12 各类市级教育干部培训课时占比

2. 区级培训情况

2021 年全市各区共开展教育干部培训项目 144 个，主要涉及任职资格培训、提高及其他培训、高级研修培训、全员培训和援助培训，培训 27164 人次，完成 11539 课时；2022 年全市各区共开展培训项目 158 个，培训 45764 人次，完成 12938 课时。具体情况见表 2-7。

表 2-7 各类区级教育干部培训情况

区级培训	培训项目(个)		培训人数(人次)		培训课时(课时)	
	2021 年	2022 年	2021 年	2022 年	2021 年	2022 年
任职资格培训	10	11	449	517	2594	2995
提高及其他培训	109	113	13034	18916	6373	7342
高级研修培训	8	11	295	889	1126	1318
全员培训	10	17	13000	24868	392	533
援助培训	7	6	386	574	1054	750
合计	144	158	27164	45764	11539	12938

区级干部培训的主要对象除校级干部外，还有中层干部，具体情况见图 2-13、图 2-14。

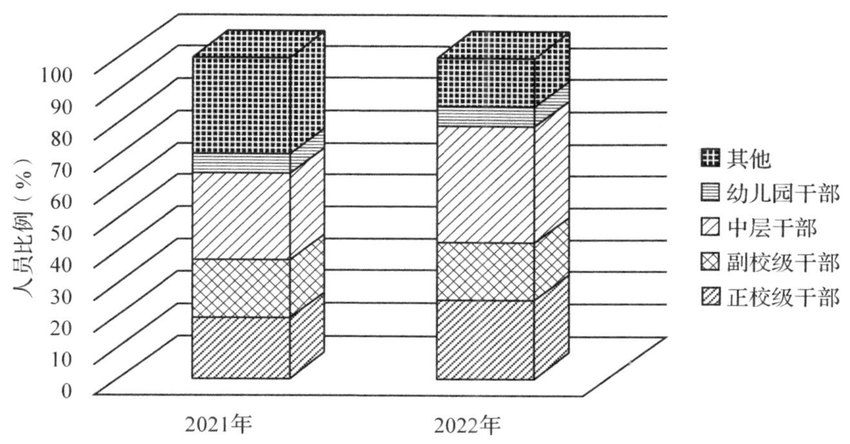

图 2-13 区级教育干部培训人员比例

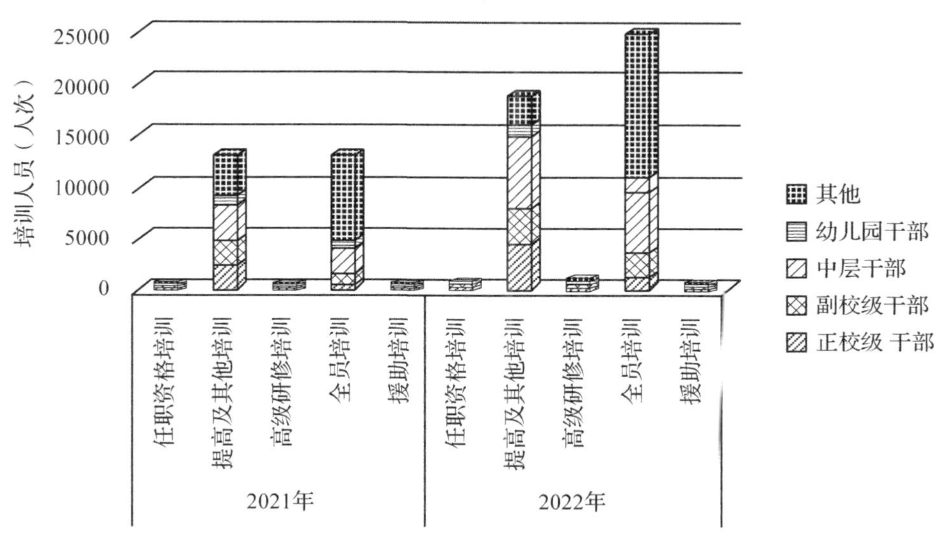

图 2-14 各类区级教育干部培训人员情况

2021 年区级干部培训线上课时占比为 40.7%，2022 年该比例上升为 56.42%(见图 2-15)。

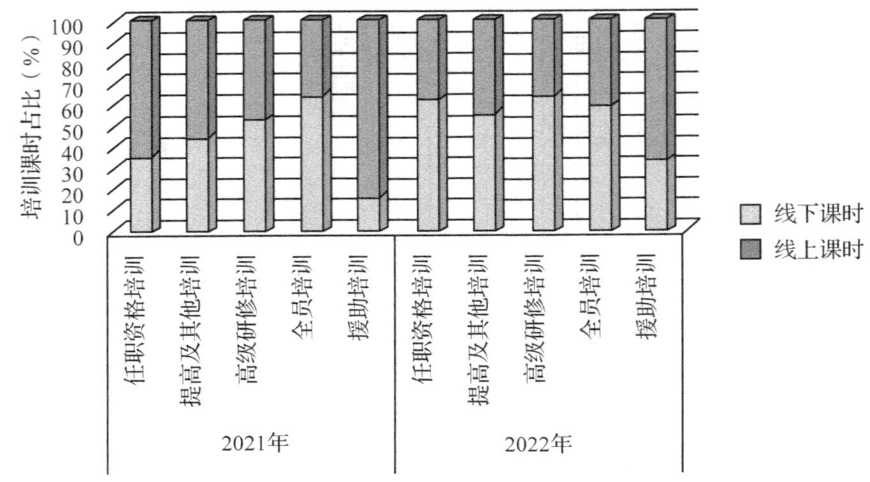

图 2-15　各类区级教育干部培训课时占比

第三节　北京市基础教育干部教师培训者队伍情况

各区基础教育干部教师培训机构，是北京市基础教育干部教师职后培训体系不可缺少的重要组成部分，承担着提升区域干部教师队伍质量的重要使命，为区域干部教师专业发展提供了有力支撑。根据 2022 年各区干部教师培训机构报送的数据，专职从事干部教师培训工作的培训者及管理者共有 2298 人①。

一、教师培训者队伍情况

1. 整体情况

全市各区培训机构从事教师培训工作的校级干部与专职教师(含教研员)共 2130 人，其中，男性 690 人，占比 32.39%；女性 1440 人，占

① 本节“培训者队伍”是指各区培训机构的培训者，不包括市级培训机构的培训者。

比 67.61%。

年龄分布情况见表 2-8。

表 2-8 北京市各区教师培训者年龄情况分布

年龄	35 岁及以下	36—40 岁	41—45 岁	46—50 岁	51—55 岁	56 岁及以上
人数	162	173	387	517	680	211
占比	7.61%	8.12%	18.17%	24.27%	31.92%	9.91%

学历分布情况见表 2-9。

表 2-9 北京市各区教师培训者学历情况分布

学历情况	博士研究生	硕士研究生	大学本科	大学专科
人数	47	383	1691	9
占比	2.21%	17.98%	79.39%	0.42%

职称分布情况见表 2-10。

表 2-10 北京市各区教师培训者职称情况分布

专业技术职务	正高级职称	高级职称	中级职称	初级职称	无职称
人数	175	1398	381	156	20
占比	8.22%	65.63%	17.89%	7.32%	0.94%

任教经历分布情况见表 2-11。

表 2-11 北京市各区教师培训者任教经历情况分布

具有中小学教育教学经历情况	15 年及以上	10—14 年	5—9 年	1—4 年	0 年
人数	1297	376	223	76	158
占比	60.89%	17.65%	10.47%	3.57%	7.42%

2. 校级干部情况

各区培训机构从事教师培训工作的校级干部共 97 人，占 4.55%，其中男性 55 人，占比 56.70%；女性 42 人，占比 43.30%。

年龄分布情况见表 2-12。

表 2-12　北京市各区教师培训机构校级干部年龄情况分布

年龄	35 岁及以下	36—40 岁	41—45 岁	46—50 岁	51—55 岁	56 岁及以上
人数	1	4	12	30	30	20
占比	1.03%	4.12%	12.37%	30.93%	30.93%	20.62%

学历分布情况见表 2-13。

表 2-13　北京市各区教师培训机构校级干部学历情况分布

学历情况	博士研究生	硕士研究生	大学本科	大学专科
人数	4	23	70	0
占比	4.12%	23.71%	72.17%	0

职称分布情况见表 2-14。

表 2-14　北京市各区教师培训机构校级干部职称情况分布

专业技术职务	正高级职称	高级职称	中级职称	初级职称	无职称
人数	21	64	8	2	2
占比	21.65%	65.98%	8.25%	2.06%	2.06%

任教经历分布情况见表 2-15。

表 2-15　北京市各区教师培训机构校级干部任教经历情况分布

具有中小学教育教学经历情况	15 年及以上	10—14 年	5—9 年	1—4 年	0 年
人数	63	19	7	2	6
占比	64.95%	19.59%	7.22%	2.06%	6.19%

3. 专职教师情况

各区培训机构从事教师培训工作的专职教师(含教研员)共 2033 人，占 95.45%，其中男性 635 人，占比 31.23%；女性 1398 人，占比 68.77%。

年龄分布情况见表 2-16。

表 2-16 北京市各区教师培训机构专职教师年龄情况分布

年龄	35 岁及以下	36—40 岁	41—45 岁	46—50 岁	51—55 岁	56 岁及以上
人数	161	169	375	487	650	191
占比	7.92%	8.31%	18.45%	23.95%	31.97%	9.40%

学历分布情况见表 2-17。

表 2-17 北京市各区教师培训机构专职教师学历情况分布

学历情况	博士研究生	硕士研究生	大学本科	大学专科
人数	43	360	1621	9
占比	2.12%	17.71%	79.73%	0.44%

职称分布情况见表 2-18。

表 2-18 北京市各区教师培训机构专职教师职称情况分布

专业技术职务	正高级职称	高级职称	中级职称	初级职称	无职称
人数	154	1334	373	154	18
占比	7.58%	65.62%	18.35%	7.58%	0.89%

任教经历分布情况见表 2-19。

表 2-19 北京市各区教师培训机构专职教师任教经历情况分布

具有中小学教育教学经历情况	15 年及以上	10—14 年	5—9 年	1—4 年	0 年
人数	1234	357	216	74	152
占比	60.70%	17.56%	10.62%	3.64%	7.48%

二、干部培训者队伍情况

1. 整体情况

全市各区培训机构从事干部培训工作的校级干部与专职教师共 168 人，其中，男性 47 人，占比 27.98%；女性 121 人，占比 72.02%。

年龄分布情况见表2-20。

表2-20 北京市各区教育干部培训者年龄情况分布

年龄	35岁及以下	36—40岁	41—45岁	46—50岁	51—55岁	56岁及以上
人数	12	17	30	43	46	20
占比	7.14%	10.12%	17.86%	25.60%	27.38%	11.90%

学历分布情况见表2-21。

表2-21 北京市各区教育干部培训者学历情况分布

学历情况	博士研究生	硕士研究生	大学本科	大学专科
人数	3	54	110	1
占比	1.79%	32.14%	65.48%	0.60%

职称分布情况见表2-22。

表2-22 北京市各区教育干部培训者职称情况分布

专业技术职务	正高级职称	高级职称	中级职称	初级职称	无职称
人数	10	107	28	16	7
占比	5.95%	63.69%	16.67%	9.52%	4.17%

任教经历分布情况见表2-23。

表2-23 北京市各区教育干部培训者任教经历情况分布

具有中小学教育教学经历情况	15年及以上	10—14年	5—9年	1—4年	0年
人数	99	20	13	10	26
占比	58.93%	11.90%	7.74%	5.95%	15.48%

2. 校级干部情况

各区培训机构从事干部培训工作的校级干部共46人，占27.38%，其中男性24人，占比52.17%；女性22人，占比47.83%。

年龄分布情况见表2-24。

表 2-24 北京市各区教育干部培训机构校级干部年龄情况分布

年龄	35 岁及以下	36—40 岁	41—45 岁	46—50 岁	51—55 岁	56 岁及以上
人数	1	1	4	13	16	11
占比	2.17%	2.17%	8.70%	28.26%	34.78%	23.91%

学历分布情况见表 2-25。

表 2-25 北京市各区教育干部培训机构校级干部学历情况分布

学历情况	博士研究生	硕士研究生	大学本科	大学专科
人数	0	11	35	0
占比	0	23.91%	76.09%	0

职称分布情况见表 2-26。

表 2-26 北京市各区教育干部培训机构校级干部职称情况分布

专业技术职务	正高级职称	高级职称	中级职称	初级职称	无职称
人数	10	29	5	1	1
占比	21.74%	63.04%	10.87%	2.17%	2.17%

任教经历分布情况见表 2-27。

表 2-27 北京市各区教育干部培训机构校级干部任教经历情况分布

具有中小学教育教学经历情况	15 年及以上	10—14 年	5—9 年	1—4 年	0 年
人数	29	7	4	1	5
占比	63.04%	15.22%	8.70%	2.17%	10.87%

3. 专职教师情况

各区培训机构从事干部培训工作的专职教师共 122 人，占 72.62%，其中男性 23 人，占比 18.85%；女性 99 人，占比 81.15%。

年龄分布情况见表 2-28。

表 2-28　北京市各区教育干部培训机构专职教师年龄情况分布

年龄	35 岁及以下	36—40 岁	41—45 岁	46—50 岁	51—55 岁	56 岁及以上
人数	11	16	26	30	30	9
占比	9.02%	13.11%	21.31%	24.59%	24.59%	7.38%

学历分布情况见表 2-29。

表 2-29　北京市各区教育干部培训机构专职教师学历情况分布

学历情况	博士研究生	硕士研究生	大学本科	大学专科
人数	3	43	75	1
占比	2.46%	35.25%	61.48%	0.82%

职称分布情况见表 2-30。

表 2-30　北京市各区教育干部培训机构专职教师职称情况分布

专业技术职务	正高级职称	高级职称	中级职称	初级职称	无职称
人数	0	78	23	15	6
占比	0	63.93%	18.85%	12.30%	4.92%

任教经历分布情况见表 2-31。

表 2-31　北京市各区教育干部培训机构专职教师任教经历情况分布

具有中小学教育教学经历情况	15 年及以上	10—14 年	5—9 年	1—4 年	0 年
人数	70	13	9	9	21
占比	57.38%	10.66%	7.38%	7.38%	17.21%

第四节　北京市基础教育干部教师培训情况总结

综上，可以对北京市基础教育干部教师培训工作的基本情况有所了解，并得出以下结论：

1. 北京市已形成基础教育干部教师职后培训全员覆盖。按照全市中小学校、幼儿园、特殊教育学校、中等职业学校专职教师和行政人员共206766人计算，2021年全市干部教师参加市、区级培训人均2.5次，2022年人均2.95次。

2. 北京市已基本形成分层分类的干部教师培训项目体系，既有按照教师成长阶段开展的新教师培训、青年教师培训、骨干教师培训、名师培训，按照干部成长阶段开展的任职前任职资格培训、任职后提高培训、高级研修培训，也有按照内容划分的通识培训、学科培训，还有面向全员的专题培训，以及以高度政治责任感承担的援助培训。

3. 受新冠疫情影响，2021—2022年北京市干部教师线下培训受到影响，线上课时比例大幅增加。2021年线上培训课时占比57.03%，2022年更是上升到70.29%。2021年教师培训线上课时占比60.35%，干部培训线上课时占比46.64%；2022年教师培训线上课时占比73.83%，干部培训线上课时占比59.65%。相比于教师培训，干部培训的线下培训课时占比更高。如何更好地开展线上培训以及在后疫情时代如何将线上线下有效结合，都是需要关注的问题。

4. 北京市各区培训(管理)者与培训对象比为1∶89.98；168名区级干部培训(管理)者与行政干部比为1∶97.15；2130名区级教师培训(管理)者与专职教师比为1∶89.41。2021年平均每3.19名培训者负责一个区级项目，平均每位区级教师培训者要负责225.07人次培训，干部培训者要负责77.58人次培训；2022年平均每2.99名培训者负责一个区级项目，平均每位教师培训者要负责259.3人次培训，干部培训者要负责112.6人次培训。

5. 北京市培训(管理)者队伍年龄结构相对老化，46岁以上占比66.01%；硕士及以上学历仅占21.19%，略高于全市中小学专任教师学历水平；其中，77.98%的培训者有在中小学任教超过10年的经历，相对而言比较了解中小学实际情况。需要关注的是有8.01%的培训者没有学校工作经历，对此，可以采用跟岗、挂职锻炼等方式，使其了解各区校情，以便更好地开展培训。职称结构高级以上职称人数占比73.54%，值得注意的是干部培训专职教师正高级职称人数为0人，由于培训者没有相应的职称系列，大部分培训者参评中小学职称系列或是在中小学评完职称后才到培训机构从事培训工作，这在一定程度上增加了培训者自身职业发展的难度。

第三章　实践案例篇

——北京市基础教育干部教师培训重点工作及特色

党的二十大报告强调，教育、科技、人才是全面建设社会主义现代化国家的基础性、战略性支撑，要求全面提高人才自主培养质量，明确了“到2035年建成教育强国”的宏伟目标。教师是教育的第一资源，是实现这一目标的根本力量。报告对教师队伍建设明确提出“加强师德师风建设，培养高素质教师队伍，弘扬尊师重教社会风尚”的要求。为深入学习贯彻党的二十大精神，进一步推动教师队伍建设高质量发展，北京市以习近平新时代中国特色社会主义思想为指导，以落实中共中央、国务院颁布的《关于全面深化新时代教师队伍建设改革的意见》和教育部等八部门印发的《新时代基础教育强师计划》为抓手，紧密围绕首都教育高质量发展和高水平现代化建设的中心工作，以促进干部教师专业发展、可持续发展、终身发展为目标，整体规划、统筹设计、有效实施了干部教师培训工作。

为呈现2021—2022年北京市基础教育干部教师培训工作的探索与创新，本章梳理和归纳了两年来市、区干部教师培训在师德师风建设、全面推动“双减”[①]改革和信息技术赋能专业发展三个方面取得的一些经验和成效，从实践的视角为促进基础教育干部教师队伍高质量可持续发展贡献“北京方案”，为推进教育现代化、建设教育强国、办好人民满意的教育提供优秀师资保障而贡献力量。

第一节　深入推进新时代师德师风建设

习近平总书记从坚持和发展中国特色社会主义、实现中华民族伟大复兴的长远大计出发，多次就师德师风建设发表重要讲话，科学阐明了新时代师德师风建设的重大意义、时代内涵和建设路径。2019年教育部为贯彻落实习近平总书记关于师德师风建设的重要指示精神，联合中央组织部、中央宣传部、国家发展和改革委员会、财政部、人力资源和社会保障部、文化和旅游部等六部委印发《关于加强和改进新时代师德师风建设的意见》，明确指出要把立德树人成效作为检验学校一切工作的根本标准，把师德师

① 编者注：“双减”政策的全称是《关于进一步减轻义务教育阶段学生作业负担和校外培训负担的意见》。

风作为评价教师队伍素质的第一标准。

为全面深入推进新时代师德师风建设，进一步按文件的要求切实落地，北京市干部教师培训工作坚持教育者先受教育的原则，通过建立健全师德师风学习制度、建设师德师风培训课程体系、开展宣传示范活动等措施，将师德涵养融入教育教学中，不断锤炼干部教师高尚道德情操，引导他们把教书育人和自我修养相结合，以德立身、以德立学、以德施教，成为政治素质过硬、业务能力精湛、育人水平高超的高素质教师，为构建高质量教育体系奠定坚实的师资基础。

一、建立健全学习制度

学习制度是系统化、常态化开展师德师风建设的保障。市、区两级干部教师培训工作通过完善师德师风学习制度，建立健全长效化学习机制，切实推进系统化、常态化学习的开展，为建设师德培训课程、持续开展宣传活动奠定坚实的基础。

为科学规划、整体统筹全市师德师风建设，市级干部教师培训工作围绕“中小学教师思想政治和师德师风建设”加强制度建设，在系列文件中对培训目标、内容及组织方式提出了明确要求。《北京市“十四五”时期教育改革和发展规划(2021—2025 年)》在“建设高素质专业化创新型教师队伍”任务中指出，要全面提升教师思想政治素质和师德师风水平，始终坚持把思想政治和师德师风建设摆在教师队伍建设的首位。《北京市新时代基础教育强师计划实施方案》提出，要学习贯彻《北京市新时代公民道德建设实施方案》《北京市新时代爱国主义教育实施方案》，大力开展“四史”特别是党史学习教育，加强铸牢中华民族共同体意识教育，全面落实意识形态工作责任制；将师德教育贯穿于教师教育的全过程，常态化推进师德培育涵养。《“十四五”时期北京市中小学干部教师培训工作方案》将“提升干部教师队伍思想政治素质和师德素养”作为主要任务之一，明确指出要全面推进干部教师全员培训，围绕思想政治教育、教师思想政治素质和师德素养等内容开展培训。《进一步加强中小学校本研修工作指导意见》则规定了将习近平新时代中国特色社会主义思想、社会主义核心价值观、优秀传统文化、师德师风建设等主题纳入校本研修，以加强教师思想政治素质、提高师德师风水平，切实强化教师为党育人、为国育才的意识与能力。《北京市中小学新教师规范化培训课程内容指南》明确将“思想政治、师德与教育法规”作为培训课程，并分别围绕思想政治类研修和师德、教育法规内容进行了细化。

市级干部教师培训工作在深入学习北京市系列文件精神的基础上，主动响应文件要求，为切实加强师德师风建设，在开展培训的各个环节中对教育的具体内容进行科学设计、规范实施。例如，北京教育学院将提高参训教师的思想政治素质和职业道德水平摆在首要位置，在项目招生、方案制定、培训师资选拔、培训课程设置、培训督导、培训总结验收等方面，突出全员、全方位、全过程师德养成和思想教育。为不断提升师德能力，北京教育学院在各级培训项目中统筹开设思想政治、党史、新中国史、改革开放史、社会主义发展史、法律法规和职业道德等学习内容；在课程和培训教材中强化思想政治建设，以探索各学科课程思政建设的思路与方法。

区级干部教师培训工作通过成立领导小组、组成工作专班、制定并印发工作方案等方式，加强对师德师风学习常态化的组织领导和统筹协调。工作专班中，区委教育工委、区教委的主要领导担任组长，其他领导担任副组长，相关业务部门构成责任科室，并设置办公室负责组织协调等具体工作。在领导小组的带领下，专班制定并印发了培训工作方案。根据工作方案和进度安排，区域组织开展了全员培训、专题培训、优秀教师选树宣传、师德系列宣讲活动、师德建设月、师德考核月、师德警示教育等活动，扎实推进干部教师思想政治和师德师风建设。

二、建设师德培训课程

结合全市师德师风建设的现状，对接干部教师培训的实际需求，立足师德师风建设的课程标准，市、区两级培训机构通过开发研制相关课程，以全面加强教师的思想政治工作、大力提升其职业道德素养。

1. 构建师德涵养课程，带动建设全面加强

为强化干部教师为党育人、为国育才的意识与能力，市级层面组织的培训不仅在公共必修课、选修课中设计师德师风专题培训课程，而且依托

市级培训机构、高校，通过课程规划、研制和行动研究等方法，搭建涵养师德的课程结构。

北京教育学院以强化参训干部教师的思想政治素质和师德修养水平为首要任务，坚持全员、全方位、全过程育人的原则，出台《北京教育学院学历继续教育思想政治理论课程建设管理办法》，研究制定《关于全面推进北京教育学院"大思政课"建设的实施方案》。北京教育学院不仅明确了课程建设目标、设置原则、建设内容以及课程评估等方面的内容，而且为形成全方位、多层次的"思政课程、课程思政和日常思想政治工作"三位一体的"大思政课"育人新格局，要求培训项目在分类、分学科专业下推进"课程思政"建设，并规划了文史哲类、管理和法学类、教育学类、理工类以及艺术类培训项目的课程思政元素和教学要素，以引导教师用"赤诚之心、奉献之心、仁爱之心"投身教育事业，护航青少年健康成长。

依托高校开展的市级中小学思政课教师必修课程经过需求调研、专家论证、方案优化等环节，基于"基础—拓展—提升"的阶梯式结构，以素养培育为导向，以支持中小学思政课教师"上好课"为核心目标，研发首批课程。课程模块为"一体化课程＋学段课程"，即思政课一体化背景下的教育理念与教师专业成长课程、小学段课程、初中段课程和高中段课程。课程内容包括师德修养、政策学习、课程新理念、专业发展等方面。课程将理论与实践"双融合"，回应教学实践问题，帮助教师夯实知识基础、提升专业能力。

市级中小学骨干教师"立德树人"行动研究项目，聚焦"落实立德树人根本任务"，基于多元化体验与实践，为落实、落细、落小"立德树人"根本任务，打造了学思践悟的阶梯结构，以共修、选修相结合的方式开展教学与研究活动，引导教师坚守教育初心，成为示范引领者。两年来，共培训市区级骨干教师 300 名，为首都基础教育工作高质量发展提供了人才保障。

2. 创建分层分类的课程，促进师德素养的提升

为全面加强教师队伍思想政治工作、大力提升干部教师的师德素养，各区本着分层分类的原则创建师德培训课程，将师德师风建设贯穿干部教师专业发展全过程，推进师德师风的长效化建设。

海淀区依据教育部《中小学教师培训课程指导标准(师德修养)》等文件的要求，基于调研创建“四维”师德培训课程涵养师德。实施主体是第一维度，包括区级、学区和校级三类主体，各类主体实施的师德培训相互衔接、互相配合。课程类别是第二维度，包括：A类课程，即必修的通识性、基础性课程，重在明确教师必须遵守的基本规则与要求；B类课程，即基于学科育人与课堂实践的拓展性、体验性课程，重在激发教师自我反思、自我感悟与自我升华；C类课程，即以问题解决为出发点的专题化、特色化课程，重在促进教师自觉践行高尚师德行为。主题内容是第三维度，包括理想信念、道德情操、扎实学识、仁爱之心四大主题内容，与《中小学教师培训课程指导标准(师德修养)》的一级指标相对应。教师特点是第四维度，包括整体特征、岗位类型和发展阶段，实现全员培训与分层分类培训的有机结合。

朝阳区先后开发《教育理想与教师角色》《道德榜样与行为示范》《无声的教育》《后疫情时代中小学教师师德师风舆情预防与应对》等系列课程，创立“123N”(“1个中心、2个机制、3个平台、N个成员单位”)区域大中小学思政课一体化建设工作体系。在指标和框架的指引下，开展了多样化的培训和教学活动。例如，“共上一堂课”教学活动中，形成“创新性强、时代性强、贯通性强”的“三强”思政金课。其中，“党的二十大精神进课堂暨大中小学思政课教师集体备课会”被中央广播电视总台、《中国教育报》、北京电视台、《北京日报》等广泛报道。同时，培训还包括“师德修炼与班级管理艺术”高端培训，协同北京师范大学联合开展的骨干班主任“师德涵养”高端研修，以及“新媒体跟进式中华经典百日学习”“京师好老师生命成长营”等内容，以引导广大教师内化师德修养。

房山区遵循干部教师发展规律，分发展阶段基于行动改进研制相应课程。面向校级后备干部，建设强基课程。课程聚焦“专业素养培养与能力提升”主题，以“掌握基本理论、形成基本技能”为目标；重点内容涵盖教师职业道德、教育政策法规、学校管理实务等方面；就师德、师风、师能三个方面，提升干部领导水平。面向新任校级干部，打造助力课程。课程内容涉及政治思想、学校管理实务等方面，并将思想政治和职业道德素养作为必修课程。面向在任的校级正职、副职和中层干部，开设领航课程。课程以“强化政治素养、增强理论修为、提升业务能力”为主题，将道德品行、法治思维、推动发展等内容作为公共必修课程，着力深化师德师风教育。面向特级校长(书记)，基于工作室研修，设置卓越课程。课程将师德师风建设融入理论研修、入校诊断、实践改进等方面，增强干部教师的理想信念，培育道德情操。

3. 研发“课堂育德”课程，推动师德素养融入课堂

为突出“课堂育德”，引导干部教师在教育教学中提升师德素养，充分发挥课堂主渠道作用，守好讲台主阵地，各区研发设置了相应课程，注重在课堂教学中融入师德涵养和立德树人实践。

东城区明确“上好每一节课”是师德师风建设的基础性工程，“教好每一名学生”是师德师风建设的成效性体现。在此理念下，倡导全区教师“上好每一节课”，坚持教书和育人相统一、言传和身教相统一，以德立身、以德立学、以德施教。在“上好每一节课，教好每一名学生”的引导下，开展“双三百”实践创优活动，即推出区级百节思政课、百节班队课、百节学科课的交流展示，推出区级百名党员榜样、百名师德标兵、百名班主任优秀人物评选。在“双三百”带动下，各校掀起走进课堂、走近学生、走近教师的活动高潮，启动各类评优评先“教师个人承诺”专项行动。为持续发挥正面引导、示范带动的作用，以“上好每一节课，教好每一名学生”为根本，开展师德师风建设的系列活动。如，联动清华大学马克思主义学院等，落实思政课“大中小”一体化，开展“关键课程、培根铸魂”师德师风建设年主题教育；举办清华大学马克思主义学院与东城区教育系统师生“同备一堂课”冬奥精神专题备课会，就冬奥精神围绕大中小一体化思政课的开展进行交流研讨。

丰台区充分认识到课堂是落实“立德树人”根本任务的主阵地，干部教师是否具备与时代发展和教育变革需求相适应的育德能力，是决定育德成效的关键因素。各类培训项目始终围绕思想政治、师德素养等方面设置课程，以提升干部教师育德能力，引导他们守好讲台主阵地。例如，“学科教师育德能力提升”项目立足于教育教学现状，旨在构建丰台区教师育德能力

模型及配套测量工具，明确育德能力提升策略，建立学科教师育德能力提升课程体系，以促进学科教师在教育教学中提升师德素养。再如，“新教师培训”项目重点关注师德养成，开设思想政治、师德与教育法规，教学基本功与教学实践，学生学习与身心发展，班级管理与班主任工作，教育研究与生涯发展等五个模块，坚定新教师的理想信念，涵养师德情怀。

三、开展宣传示范活动

在推进新时代师德师风建设的过程中，为突出典型树德，持续开展优秀教师选树宣传，营造校校有典型、榜样在身边、人人可学可做的局面，全市通过讲好示范典型故事、传递身边师德榜样能量等活动，以真人真事诠释师德内涵，充分发挥典型引领示范和辐射带动作用。

1. 讲好师德师风故事，强化宣传引领作用

讲好师德师风故事是传递师德师风正能量、突出典型树德，开展优秀教师选树宣传的重要措施。

北京市连续举办“北京市大中小幼教师讲述我(我们)的育人故事”活动，大力宣传师德师风先进人物和典型事迹。“第四届北京市大中小幼教师讲述我和我们的育人故事”展示交流活动聚焦坚守“为党育人，为国育才”初心使命，坚持“立德树人”根本任务，不断提升育人育德能力。北京市近万名大中小幼教师踊跃参与，经推荐上报、专家评审和前期展示，30 人获得特等奖，103 人获得一等奖，81 人获得二等奖。教师节前夕，12 位不同学段的教师作为北京教师群体代表同台讲述，分享他们“为党育人，为国育才”的生动故事。12 个育人故事中，有耄耋教师的教育情怀，有“90 后”青年教师的责任担当，有高校教授服务国家重大项目的精益求精，有小学校长教书育人的点滴思考等。这些故事，让干部教师相互影响感受激励，相互学习提升能力，通过自主教育增强“为党育人，为国育才”的使命感。经过四年的积累，此活动已经成为涵养师德师风的平台。平台既引导全社会共同关注和倾听教师的生动育人故事，深入了解教师群体的工作、生活状态，从中读懂并理解教师的责任、担当和大爱；又感染和引导着更多教师矢志不移“为党育人，为国育才”，不断提升自身的育人、育德能力。

2. 做好榜样宣传工作，营造典型润德氛围

为形成榜样在身边、人人可学可做的局面，各区在积极开展选树师德典范活动的同时，用好各类媒体措施，大力宣传师德师风榜样，激励广大教师争做为学、为事、为人的典范。

顺义区组织开展"榜样示范强队伍"的系列活动，选树师德标兵、先进工作者、优秀党员、师德楷模等榜样后，通过师德巡讲、顺义电视台、顺义教委微信公众号、德育论坛、德育工作年报以及内刊《教育动态》《顺义教育》等多样化方式，宣传干部教师优秀事迹和师德故事，展示优秀干部教师的风采，充分发挥引领示范和辐射带动作用，传递师德正能量，增强教师的责任感和使命感。为促使榜样的力量与育人水平提升相结合，邀请教育界名家名师走进课堂，为全区教师举办师德讲座，用真实感悟和体会诠释师德内涵，以优秀典型激发干部教师的内驱动力，推动他们在教育教学中提升师德素养、业务能力和职业素养。为营造重德的氛围，顺义区教委制定《关于进一步加强和改进师德建设的意见》《顺义区教师管理规定》等系列文件，明确规定区教育系统教师职业行为规范"八要、十不准"，将师德作为首要标准，激励广大教师努力成为"四有"好老师。

延庆区委教育工委、区教委组织开展第七批"延庆名师"评选工作。经教师个人申报、学校民主测评推荐、专家评审，评选"延庆名师"10 人。在庆祝第 37、第 38 个教师节时，评选出 312 名"延庆区优秀教师""延庆区优秀教育工作者"，130 名"延庆区师德榜样/先锋"和"育人先锋"。他们成为带动全区教师发展的师德典范。为宣传好师德师风榜样的故事，《延庆报》整版报道了荣获"北京市人民教师奖"的北京市延庆区第一幼儿园解春荣老师的故事；延庆教育微信公众号开设介绍身边"最美教师"先进事迹的栏目，报道 64 期宣传 200 余人的故事；各校积极开展"树身边的师德典型、讲身边的师德故事、学身边的师德榜样"活动，激发教师从榜样身上汲取力量，促进自身提升。为使优秀教师、骨干教师、师德标兵、师德榜样、师德先锋和党员教师以身作则、率先垂范，各校组织教师签订师德师风承诺书，弘扬热爱教育、廉洁从教、为人师表的精神，壮大师德师风正能量舆论场，引导干部教师学先进、做先进、争当师德楷模。

怀柔区在“学先进、树师风”等系列师德教育活动中，宣扬张桂梅同志等人物的先进事迹，激励干部教师自觉树立崇高的职业理想和坚定的职业信念，将“立德树人”教书育人作为自己的神圣职责和使命，争做新时代“四有”好老师，努力成为师德高尚、业务精良的领飞雁。为充分发挥先锋模范作用，教师节开展庆祝表彰活动，请老党员畅谈从教40年感悟，请荣获“师德标兵”称号的年轻党员分享教育故事，并借助新媒体宣传优秀党员、先进教师的事迹，以强化干部教师爱岗敬业的责任心和使命感。在活动影响下，党员干部教师带头上示范课，到辖区内民办校(园)送教；青年党员骨干积极参与课题研究、区级基本功竞赛，主动承担国家、市、区级观摩任务，强化“领飞”意识，努力钻研业务、提升能力。基于这些光荣事迹，《我身边的师德榜样》结集出版，其作用不仅在于塑造良好师德形象，持续推进“讲好师德师风故事”的开展，而且引导干部教师从“被感动”到“见行动”，掀起争做“四有”好老师的热潮。

第二节　全面推动“双减”改革向校内提质增效深化

为有效减轻义务教育阶段学生过重的作业负担和校外培训负担，中共中央办公厅、国务院办公厅印发《关于进一步减轻义务教育阶段学生作业负担和校外培训负担的意见》。党中央对此高度重视，站在实现中华民族伟大复兴的战略高度，对“双减”工作做出了重要决策部署，要求从政治高度来认识和对待，从体制机制入手深化改革，全面贯彻党的教育方针，落实“立德树人”根本任务，促进学生全面发展和健康成长。“双减”的意义，对于干部教师而言，在于全面提高教育教学质量、落实“立德树人”根本任务，更在于更好地落实“五育并举”、推动“三全育人”，把“培养社会主义事业的合格建设者和可靠接班人”真正落到实处。

北京市积极响应国家要求，从推动政策落地见效、提升课堂教学质量、促进作业提质增效、提高课后服务水平、构建家校社协同育人环境等5个方面组织开展多样化培训，推动干部教师正确认识“双减”目标，落实落细“双减”要求，切实提升专业水平，高效助力学校充分发挥主阵地作用，促进学生全面发展和健康成长。

一、推动政策落地见效

"双减"是国家在基础教育领域推动的基础性、系统性改革，是践行"两个维护"，贯彻以人民为中心的发展思想、解决群众急难愁盼问题的重大民生工程。为进一步将政策落实到微观、具体的教育教学中，市、区两级开展了系列培训，帮助全市干部教师深入理解文件精神和政策要求，指导他们将政策要求落实到课堂教学中，体现在素质技能的培养中。

为贯彻落实中央和北京市的系列文件精神，助推"双减"落地见效，北京市连续两年围绕政策学习、基础教育改革、教育生态重构的热点和难点问题，组织开展专题研讨和全员培训。2021 年 10 月至 11 月，北京市委教育工委、北京市教委主办，北京教育学院承办的首期"双减"专题研讨班上，来自全市的 200 余位特级校长、特级教师、市级学科带头人、市级骨干教师的代表们共同研讨了在落实"双减"政策中，构建首都高质量教育体系的真招实招。2022 年"双减"落实一周年之际，北京市委教育工委、北京市教委主办，北京教育学院承办的"2022 年'双减'背景下北京市中小学干部教师能力提升全员培训"，面向在职在岗的全体中小学干部教师开展培训，旨在深入学习贯彻习近平总书记关于教育的重要论述、全面推进"双减"政策的落实、促进首都基础教育高质量发展。

专题研讨班上，专家以"'双减'工作深化推进中对教师的期待"为题，指出如何正确认识工作目标，进一步阐释明确主要任务，提出高质量教育体系构建下对"好教师"的期待和要求，详细解读了需求拉动下基础教育"新供给主体"和干部教师"交流轮岗"工作的设计初衷。全市全员培训中，专家以"深入学习贯彻习近平总书记关于教育的重要论述，奋力开创新时代首都基础教育发展新局面"为题，针对干部教师工作中遇到的突出矛盾和问题做专题辅导。政策的系列培训与学习，引导干部教师着眼高质量教育体系的构建，聚力教育教学的质量提升，就教学管理、课堂教学、实践创新和问题解决等方面提高能力水平，为构建良好教育生态夯实专业基础。

在市级培训的引领下，各区开展相应的学习以扎实促进政策落地。朝阳区在落实政策要求的实践中，逐步形成培训“四步”实施路径，即“政策领会—实践探索—合作研究—对话提升”，营造了多主体参与的培训场域，推动多种分类协同下合作学习的开展。同时，在分层分类分岗、细化学段的原则下，对接“双减”背景下的实际需求，开展系列培训，增加工作策略类的指导。以“新时代教育改革行动研究专题培训项目”为例，培训应用建构主义理念，采用“讲座＋对话”的教学形式，对标“双减”背景下的教育教学实践，开展问题思考、策略探究和案例分析。培训中，举办“协同·共生—‘双减’背景下教育高质量发展”主题论坛，重点围绕政策落地见效、课堂教学提升、作业设计水平、教育评价改革等维度进行分享，实现了优质经验的汇聚、共享和互鉴。

二、提升课堂教学质量

落实“双减”政策，大力提升教育教学质量，构建高质量的课堂教学，是校内改革的重中之重。为提升课堂教学质量，市、区培训机构通过策略研究、模式探索等途径，帮助干部教师应对“双减”背景下课堂教学中可能面临的问题与挑战，推动其专业素养进一步提升。

1. 形成有效策略，带动育人水平提升

在全面推进政策要求深化落实的过程中，为切实帮助干部教师积极应对“双减”背景下的挑战，干部教师培训聚焦策略方法的研究与实践，通过培训、交流等方式，着力提升干部教师的专业素养，高效助力学校教育教学质量和服务水平提升。

经过首期“双减”专题研讨班的思维碰撞和智慧凝聚，干部教师们从高质量教学维度梳理问题与挑战，形成了有效策略。第一，围绕学生学习与班级生活建设，形成了涵盖日常班级管理、班级文化建设、班级特色活动、班级生活建设等方面的策略。第二，围绕学生个体差异与教学，形成了包括尊重学生个体差异、诊断学生个体差异、发展学生个体差异、在个体差异中促进学生全面发展和研究学生的个体差异等五个方面的策略。第三，在学生学习与生产劳动和社会实践相结合方面，教师的教育教学实践策略包括结合生产劳动、劳动教育的相关内容，开发学校课程；全面而深入地了解高质量课堂教学体系与生产劳动和社会实践相结合的路径，丰富各种形式的教师培训。第四，围绕单元教学实践探索，教师由课时累加的单元逐渐转向对知识进行补充和整合；设计问题驱动型的单元基本教学结构，高学科观点和学生立场支撑下的单元教学结构。①

2. 聚焦模式探索，促进专业素养提升

为开阔视野、凝聚智慧、学习借鉴，各区聚力模式探索，引导干部教师在推进校内教育提质增效，提升课堂教学质量上发挥更积极的作用。

昌平区在"成就学生、成长教师"理念下构建"双师课堂"，稳步提升教师教书育人能力。"双师课堂"是基于学科大观念下的单元主题备课，以微课为载体，在教研部门引导下各学科团队共备、共研、共设计，涉及语文、数学、英语、科学、道德与法治、劳动技术、综合实践等学科，包括区内和集团校两种备课方法。经过实践探索，它逐步固化成两种应用模式。一类为"1＋N"双师教学模式，"1"是输出名师，"N"是 2—4 所输入学校；另一类为以微课资源引导学习的双师教学模式。以小学道德与法治学科为例，教研部门集中优质师资，面向 13 所乡村小学进行直播，形成区级优质师资和本校教师的"1＋1"协作直播模式。"双师课堂"得到了教师们的认可和好评。一个学期内，完成区内"双师课堂"164 次，直接影响 36 名教师，辐射 631 名学科教师；集团校模式面向昌平一中、昌平二中、首师大附属回龙观育新学校、北师大二附未来科技城学校四所集团校内开展。"双师课堂"缩小了区域内、校际教育质量差距，最大化推动课程资源和优秀师资共享，形成鼓励优秀教师贡献优质课、共享智慧的引导机制。

大兴区通过观摩交流模式，组织干部教师走进市内名校(园)深入交流研讨"双减"背景下教育教学工作，推动其教育教学专业能力稳步提升。例如，以"聚焦'双减'守教育初心，赋能学校高质量发展"为主题，按照学段分组，采用"双组、双线、双模式"的方法，中学组聚焦课堂教学、作业设计等方面；小幼组聚焦"五育融合"、课后服务等内容。干部教师就学校文化、学校管理体系、特色课程、提升课程质量等方面进行实践观摩，分享

---

① 李奕、肖韵竹：《"双减"政策下的教师担当与北京行动》，北京：北京出版社，2021 年，第 17—25 页。

名校(园)“双减”背景下课堂教学质量提升的具体举措，梳理、凝练、借鉴名校(园)推进“双减”政策落地见效的典型措施，助力课堂教育教学质量的提升。再如，“安彩凰高中教学管理干部工作室”走进区内高中校，通过实地观摩、课堂听课指导、汇报交流分享等形式，全面了解学校“双减”工作，就课堂教学、学科建设、教学管理等方面的挑战及应对策略展开研讨，为“大力提升教育教学质量，确保学生在校内学足学好”的治本之策夯实专业基础。

石景山区高度重视校本研修作为学校主阵地之一的基础作用。为充分发挥校本研修在落实“双减”政策上的效用，形成并运用两种主要模式，促进“双减”政策在教学中创造性转化应用。首先，研修资源学习模式，即为教师提供研修资源。2021 年下半年开学初，各校将“双减”作为重要校本研修内容，并制订相应校本研修计划，开展相关主题的校本研修。经过积累和沉淀，2022 年上半年将形成的“双减”的微课和专刊发送给学校，供深化“双减”的校本研修活动使用。其次，区、校协同构建支持与展示平台。2021 年下半年至 2022 年上半年，“双减”校本研修区级展示活动成功举办。借助展示的契机，就课堂教学、专题汇报等内容对教师提供针对性指导，提高其课堂教学水平。展示活动作为一种任务驱动式的研修，促使承办学校通过校本研修认真打磨展示课、系统提炼研究成果，为区、校不断深入研修提供典型范例和智慧。

经济技术开发区以“大单元教学和跨学科教学设计”工作坊模式，推动教师提升学科单元内容教学的水平。研修中，通过大单元设计模型的运用，发布挑战性学习项目，以师生互动、生生互动等形式，教师充分运用模型、资源，完成学习任务，并借助阶段性评价，促进专业发展。工作坊的共学共研以及大单元设计模型的运用，推动了课堂教学实现由教向学的转变，促进跨学科教学设计的生成和实践。例如，跨学科项目学习以英语学科为本位，涉及政治、语文、生物、地理等学科内容，书写包括疫情实事、国际之声、抗疫举措、抗疫英雄、抗疫之路等故事。项目的跨学科设计和实施，促进教师多学科视角育人能力的发展，助推学校教育教学质量和服务水平的进一步提升。

三、促进作业提质增效

“双减”背景下，作业不仅要发挥诊断、巩固、学情分析等功能，而且要体现素质教育的基础性作用。市、区培训机构从优化作业设计、拓展作业类型着手，推动干部教师探索研究契合落实“双减”要求与素质教育导向的作业设计、组织和实施方式。

1. 研究设计策略，指引作业质量提升

为更加科学地设计作业，在更新设计理念，遵循基础性、高质量、可行性原则的基础上，市级培训机构围绕目标定位、过程指导、管理程序、标准样例等方面提升干部教师的作业设计水平。

首期“双减”专题研讨班上，与会专家、教师根据政策要求，结合教学实践，基于一线教师对作业设计的4点困惑，指出高质量作业的7个特征。即具有一定的思维挑战，具有情境性、趣味性，让学生获得成就感，有单元整体设计，指向学习习惯养成，基于学生学情，基于课标要素。基于上述7个特征，形成了作业设计策略，并在《“双减”政策下的教师担当与北京行动》一书中进行详细阐述。第一个策略为立足单元系统设计。教师在开始设计单元整体教学方案时就要有“预”有“谋”地精心考虑。第二个策略为指向高阶思维培养。有思维挑战的作业更能激发学生的深度投入。第三个策略是渗透“目标—标准”意识。作业设计必须有清晰的目标，且与单元学习目标保持一致，与课时学习目标紧密关联；要具备“标准先行”的意识，每项作业应该达成的标准具体清晰。第四个策略为“可持续”且“有过程”。作业的“可持续性”体现在贯穿单元始终，在单元系统内它是课堂集体学习的延续，是学生独立自主内化课堂所学的载体，为下一次集体学习提供学习资源，体现出学生能力形成的可持续性、过程性。第五个策略是可视化成果的交流分享。一方面让学生更有成就感、有实际获得；另一方面更容易呈现出学生的思维过程，教师指导更有针对性，更易于发现学生的个性化特征以适时引导。[①]

① 李奕、肖韵竹：《“双减”政策下的教师担当与北京行动》，北京：北京出版社，2021年，第48页。

2. 探索设计标准，做好作业减量增质

作业是学校教育教学管理工作的重要环节，是课堂教学活动的必要补充，更是保证学科教学质量的关键。干部教师为设计出科学合理有效的作业，也为发挥作业对课堂教学的反馈作用，通过作业的标准、样例和要素等方面的探索研究，提高作业质量，有效减轻过重的作业负担。

密云区根据学校统筹分配的作业时间，设计出单元作业并形成电子版，研制“大单元教学”“作业设计”标准与样例，制定“基于‘双减’背景下的课堂教学评价标准”等内容，为区级培训、校本研修提供重要参考。例如，中学学段围绕基于核心素养的单元教学及作业设计，以“基于学生视角提高单元备课有效性”为主题，开展常规化教学督导与评价，提升作业设计的科学性、合理性。在研修员指导下，教师依据作业的效果监测、知识巩固、思维和能力培养等功能，遵循学生年龄特点和学习规律，设计出体现德智体美劳全面育人的作业。密云区组织研制出大单元备课样例 60 个、学科作业设计框架 30 项、开发微课 1200 节，提高作业设计质量，丰富师生学习资源。

丰台区采用“研问题、谈做法、交流分享”的做法，引导干部教师梳理实践过程中的真实问题，思考、研究和探索优化作业设计的标准与要素。例如，“‘双减’背景下学校作业问题的研究”专题辅导，从作业设计反映出的学校教育教学中的问题着手，分析了作业减负增效的深远意义，结合具体学科的典型案例，启发干部教师深度思考和互动交流，以此撬动课堂教育教学质量的提升。结合辅导，干部教师们就作业设计与管理中遇到的突出问题，研究方法对策、提出改进措施。其中，丰台区卢沟桥第一小学王春梅老师梳理的问题为——“作业不带出校园，怎么解决?”；对应的解决措施——“提前备作业，精心设计练习内容，利用每班一个作业角，用于每日作业公示，每节课中最少十分钟写作业的时间，完不成作业的利用午读、课间等碎片化时间完成，教师当天随时批阅评价，学生随时改正，做到教学评价一体化。学校将课时作业纳入课堂教学评价的重要评价要素。”

3. 拓展作业类型，推动作业功能优化

不同作业类型影响着作业功能的发挥。为丰富作业的类型，推动干部教师以多维视角规范有效、科学创新开展作业设计，各区鼓励干部教师以核心素养为培养目标，将多元化的作业融入教育教学，促进作业减量提质的实现。

西城区通过“智慧作业”的应用研究，提升作业设计能力。“智慧作业”基于学生的作业习惯，将云题库、光学扫描识别、大数据分析等技术整合应用到日常纸质作业中，帮助教师动态采集每日学情，实现线下教学实体与线上数据挖掘的融合，线上与线下、正式与非正式等不同场景学习的自由切换。“智慧作业”捕捉学习过程中的问题和困扰，生成针对实际水平的层次性作业，抑制“题海战术”，发挥作业触类旁通、举一反三的作用，进而促进教师个体教育教学能力的提升。以化学学科为例，教师通过“智慧作业”将知识点、核心素养和学科能力之间进行有机联系，构建学业评价标准体系，形成学业质量进阶标准；由此确定作业类型，即实验类作业、合作探究型作业以及大概念单元作业。基于作业的数据反馈，教师组织学生进行反思和自我评价，提高学习效率，推动学生进步发展；进而提升教师自身的作业设计、作业批改、作业评价、作业管理等能力。

通州区采用“项目学习的作业”，引导教师设计出具有实践性、探索性、趣味性的作业，激发学生的学习兴趣，体验寻觅真知和增长才干的成功乐趣。“项目学习的作业”包括调查型作业、应用型作业、表演型(展示型)作业、生产型作业和游戏型作业。调查型作业是指教师为组织学生深入实践场所开展特定目标的调查研究而设计的作业。应用型作业是指教师指导学生把自主研发成果应用到实践中的作业。表演型(展示型)作业是指教师引导学生将课堂所学知识、技能等能力素养转化为作品，并在学校、社会等实践场所中展示、表演其作品。生产型作业是指教师指导学生把研发的产品设计转化为工业产品。游戏型作业是指教师指导学生自主设计、开发游戏活动，并将其应用于课余活动中。“项目学习的作业”打破了教师设计作业时以科学世界替代现实生活的固有思维，提升他们基于真实情境创设作业的能力，为坚持“五育融合”，促进学生全面发展奠定良好基础。

四、提高课后服务水平

“双减”背景下，为充分发挥学校教育主阵地的作用，学校应大力提高课后服务水平，满足学生多样化的发展需求。为保证课后服务质量、增强服务吸引力、拓展服务渠道，干部教师在提高服务水平上狠下功夫，以建设课后服务的“新空间”，提升学生获得感。

1. 引导多元化服务研究，丰富课程供给

多元化服务是学校丰富课后服务供给的可行性抓手。为在课后组织出多彩的综合素质拓展活动，培养学生参与课后服务的兴趣，干部教师们借助培训、研讨、观摩、论坛等活动，积极探索研究多样化课后服务的科学路径。

音体美学科 22 位特级教师在首期“双减”专题研讨班上，梳理了体艺类课后服务的 9 类问题，包括：服务缺失问题、师资问题、服务内容问题、条件问题、资源问题、安全问题、专业发展问题、特长生发展问题、评价问题。针对上述问题，在研讨班上形成了体育艺术课后服务的 9 个有效策略，并在《“双减”政策下的教师担当与北京行动》一书中进行详细阐述。9 个有效策略具体包括：(1)价值使命引导，如重点加强中小学校长对体育美育价值的学习培训和认知理解；(2)扩充服务师资，如可吸收社会资源，整合统筹、盘活学区、集团校师资资源，挖掘本校体育艺术特长师资；(3)丰富服务内容，如可在不同学期、不同季节设计体育艺术课后服务的菜单式内容；(4)多元组织形式，如可采用分时段、分年级、分项、分类等多种形式组织安排课后服务；(5)开发服务资源，如注重学校师资的培养及教学资源的开发，针对课后服务制定相关规划；(6)落实安全举措，如对兼职体育教师、班主任开展体育活动基本组织与管理能力的培训；(7)促进教师专业发展，如可探索弹性工作制的整体设计，开发建立网络平台辅助培训；(8)加强特长生培养，如确保体育、艺术特长生练习的时间、场地和师资等；(9)注重评价导向，如统筹建立常态化保障与激励机制。[①]

2. 推动课后服务课程化建设，提升服务质量

课后服务课程化建设是提高课后服务质量的关键抓手。有别于课堂教学，课后服务的课程化建设是“以生为本”，通过拓展活动形式、丰富活动资源提升学生的实践能力和创新精神。

---

① 李奕、肖韵竹：《“双减”政策下的教师担当与北京行动》，北京：北京出版社，2021 年，第 95—97 页。

海淀区发挥“课程、课堂、课后、作业、考试命题和教学管理”六个维度的合力，在提升课堂教学品质的同时，积极探索课后服务课程化建设。首先，支持教师研发课程。区教研员带领教师主动研发实践性、融合性的课后服务课程。在学科教研课程中的5门(必修)课程中，融入课后实践活动指导等内容，帮助教师拓展课后服务内容设计的思路，提供实施建议，提升课后服务质量。其次，搭建交流展示平台。定期组织课后服务课程的交流会，汇总参与效果，召开现场会凝练课后服务课程建设、能力提升的经验与智慧。例如，2021年中青年干部教育管理培训班以“双减背景下研究双减”为主题开展沙龙，分享学校在课后服务中课程规划、建设、实施等方面的举措，引发深度思考。再次，就区域教师家庭教育指导素养的提升探索课程建设和策略研究。一方面组织专家团队，指导学校用好海淀进修学校研发的“海淀区亲子关系微课”；另一方面，面向全区教学干部、教师、家长、学生，就“四个一”家校协同特色活动开展征文。特色活动分别是：“亲子故事”家长谈——《我和孩子有故事》，“亲子故事”学生谈——《我爱我家有故事》，“家庭教育”老师谈——《我的家庭教育指导工作妙招谈》，“家庭教育”干部谈——《学校家庭教育指导工作特色谈》。通过征文梳理典型案例，形成家庭教育指导的实操策略“工具箱”，从而既提升教师协同育人品质，又增强家校合作的效果。目前，海淀区致力于将优秀案例转化、升级为课程资源，以音频、视频等多元方式更全面地推动教师专业发展，进而更好地助力学校教育主阵地作用的发挥。

东城区以“文化融通、结构打通、实施联通、评价一体”的思路，推进课后服务课程化的建设与研究。通过教学领导力研修班，将干部教师岗位素养要求与“双减”政策相关内容有机结合，提供课后服务的总体设计与管理、学校课程设计与开发、政策与实践衔接等方面的资源和培训。邀请知名专家就课后服务设计、课程等内容从国际比较视野进行讲解。同时，开展课程需求调研，探索课后服务课程实施的有效方式，促成义务教育阶段学校全覆盖、有需求的学生全覆盖、“周一至周五时段”全覆盖。经过研究与建设，学校涌现出“三段式、五结合”“万花筒课程”“常规作业＋创新训练＋实践活动”等模式，将课后服务课程与“体育运动”“发展兴趣”“巩固学习成果”“自主阅读”“家校联动”相结合。全区 79 所中小学 8800 余名教师共同参与其中，包括特级教师，市、区骨干教师和学科带头人 2000 余名，2 所职业教育学校与 6 所公办校外单位选派近 400 名特色教师；统筹开设课程 4100 余门，近 9 万名学生受益。在 3 次课后服务调查问卷中，数据显示义务教育阶段学生的参与率超过 90%，93.8%的家长对课后服务开展情况表示满意。在干部教师的共同努力下，东城区被教育部确定为首批义务教育课后服务典型案例单位。

3. 组织专题活动，加强课后服务

为加强课后服务，区级培训机构围绕多个学科，通过观摩示范、跨区域论坛等活动，组织开展了专题培训活动，以提升课后服务水平，满足多样化需求，增强学生的获得感。

平谷区为研究多样化的课后服务，组织开展“平谷区小学课后服务专题研讨暨现场观摩活动”，涉及体育、艺术、科技、思维、实践、书法、绘画、种植等学科。学校校长围绕“如何保证辅导答疑、作业管理、素质拓展训练、体育和劳动教育实施的实效性”“如何提升素质拓展类活动的资源供给水平，提高丰富性”“如何拓展适合低年级学生的活动，提高趣味性”“如何在高年级打乱班级界限开展培优工作，提高培优的针对性”“如何加强答疑辅导与作业管理的有机结合，提高统整性”“如何增强作业的设计、分层、辅导、面批，提高有效性”6 个主题，针对课后服务急需破解的难题，依次分享学校的鲜活做法、典型经验，以及对下一步工作的思考和探索。活动中，干部教师参观了学生书法、衍纸画、剪纸等课后服务中形成的成果，观摩武术、舞蹈、乒乓球等素质拓展课程，感受作业辅导和学科拓展等课程在课后服务中的应用。

顺义区为满足学生课后的个性化学习需求，兼顾差异性发展，聚焦“高质量育人”目标，举办区域联合线上主题论坛，提升干部教师课后服务的能力和素养。论坛邀请顺义区、昌平区优秀校长围绕课后服务、教师激励、课堂与课程等内容，交流多样化、可供借鉴的学校案例，两区校长近 500 人参加活动。在课后服务和教师激励模块中，与会专家从政策要求、理论指导、文化浸润和具体实践等方面，结合自身实践分享了管理实践中课后服务、激励教师的经验；通过再回望、再认识、再学习、再分享，指出“双减”过程中学校教育、课后服务等方面要关注的因素，强调尊重、支持和艺术处理等措施在课后服务和激励中发挥的重要作用，启发干部教师深入思考课后服务的组织与管理，为更好地服务“双减”贯彻执行提升能力素质。

五、构建家校社协同育人新格局

习近平总书记在全国教育大会上指出，办好教育事业，家庭、学校、政府、社会都有责任。“双减”背景下，为深入贯彻系列政策要求，北京市围绕学校指导家庭教育服务能力的提升、教师家庭教育指导能力的建设等方面组织实施培训，帮助学校充分发挥协同育人主导、教书育人主阵地的作用。

“2022年‘双减’背景下北京市中小学干部教师能力提升全员培训”的第十三讲“聚焦‘双减’背景下家校社协同育人”，指出读懂家校社、理解协同育人的根本要义，围绕读懂家长需求、指导家长开展家庭教育、引导其有效参与学校治理，做好协同育人工作等方面分享生动案例，指导干部教师掌握协同育人工作规范，提升家庭教育指导和服务能力。为充分发挥班主任在学校与学生家庭经常性密切联系的重要作用，提升班主任心理健康教育能力，进而促进学生健康成长，开展“中小学班主任心理健康教育能力提升”培训项目，促进教师扎实掌握科学育人方法和问题解决策略，提高其沟通能力、心理健康教育能力、家庭教育指导能力。同时，面向干部教师乃至社会群体，北京市就素质教育理念、未成年人身心发展规律等方面提供线上课程资源，增强家校社协同育人共识，营造共同担负起学生成长成才责任的新格局。

房山区通过特级校长工作室的研修，进一步明晰了家校育人责任，引导干部教师密切关注家校沟通，创新协同方式，推进协同育人共同体建设。例如，李红莲工作室邀请一线校长，以“学会成长：学校指导家庭教育新路径”为题进行专题讲座。专家围绕建构家长自助式学习生态圈、搭建家长互动式活动实践平台、形成家长自荐式评价体系等方面进行解读，明确学校指导家庭教育的新路径；引导工作室成员深度研究“双减”政策颁布后，学校通过家校协同提升育人质量的科学策略。为扎实推进家校协同育人机制的构建，房山区以“为成长减负、给未来赋能”为题开展线上培训，在“系统谋划、整体推进”“多措并举、拓宽路径”“聚焦重点、突破关键”“深度构建、协调发展”四个模块的学习中，分析学校围绕课程“综”起来、课堂“连”起来、课后“实”起来、作业“通”起来和家校“携”起来的五个方面的做法，有机连接学校发展、孩子成长的关节点。

第三节　持续探索信息技术应用为培训赋能

习近平总书记强调“没有信息化就没有现代化”[①]。在以教育信息化支撑引领教育现代化发展的时代潮流中，教师是推动信息技术与教育教学深度融合的主体。为促进教师充分发挥主体作用，中共中央、国务院《关于全面深化新时代教师队伍建设改革的意见》要求，“教师主动适应信息化、人工智能等新技术变革，积极有效开展教育教学”。《北京市新时代基础教育强师计划实施方案》提出，“推进教师队伍建设信息化”“提升中小学教师的信息技术应用能力和科学素养”。北京市深刻意识到，以移动互联网、人工智能为代表的信息技术，为干部教师培训资源供给改革、培训模式创新及信息技术能力提升等方面提供了新方法和新思路。2021 年至 2022 年，全市利用信息技术开展系列培训项目，不断丰富培训资源的供给，探索研究培训服务模式的创新，大力提升中小学干部教师信息技术应用能力，让首都基础教育干部教师通过信息化手段共享优质研修，高效助推教师培训体系在数字化时代的进一步升级改造。

一、培训资源供给改革的探索与实践

面对全市干部教师人数众多，培训需求多样化、更新快等情况，为丰富线上培训资源的供给，合理配置线上培训资源，北京市从资源结构、平

① 《提升中小学教师队伍信息素养　全面促进信息技术与教育教学融合创新发展——教育部教师工作司负责人就〈教育部关于实施全国中小学教师信息技术应用能力提升工程 2.0 的意见〉答记者问》。http://www.moe.gov.cn/jyb_xwfb/s271/201904/t20190402_376483.html.

台建设等维度综合考虑，建设并提供线上培训资源，推动干部教师在专业发展和教育教学实践上相互融合与贯通。

1. 统筹推进资源结构的优化，让资源更丰富

为丰富培训资源供给层次，提高资源使用的效率和灵活性，保障研修资源在结构分布上的合理性和充分性，北京市持续建设数字化培训资源，让干部教师既能获得充分的线上资源供给，又能结合个体需求自主选择适合的培训课程。

例如，“十四五”时期北京市中小学教师培训公共必修课的建设。公共必修课线上学习资源是由专家团队主导研发的结构化课程，围绕思想政治素质与师德修养、教育政策与理论、学生发展和现代信息技术四个主题进行研发。公共必修课具体内容涵盖习近平新时代中国特色社会主义思想、习近平总书记关于教育的重要论述、社会主义核心价值观、“四史”学习教育、党的二十大精神学习、师德师风建设，教育政策新走向、教学与评价改革、教师专业发展、教育法律法规，学生心理发展规律、家校社协同育人，智能时代教育总体趋势展望教师及专业发展新路径等方面。

再如，为深入学习落实《北京市新时代基础教育强师计划实施方案》等相关文件精神，建设新时代高素质专业化创新型干部教师队伍，促进首都教育高质量发展，北京教育学院举办“强师大讲堂”系列直播讲座。讲座围绕义务教育课程标准的修订、新时代基础教育教师队伍建设的方向与策略等方面，邀请教育部专家开展专题讲座，为全市干部教师深刻理解新课标和加强教师队伍建设的重要意义以及相关政策走向提供高端引领。此外，为构建“双减”背景下中小学高质量教育体系，“2022 年‘双减’背景下北京市中小学干部教师能力提升全员培训”聚力中小学教育教学能力提升，以教育发展新理念为指引，以干部教师教学管理能力、课堂教学能力、实践创新能力和问题解决能力的提升为核心，推进中小学教育教学高质量发展。

同时，为进一步满足干部教师教学与培训的个性化、多样化需求，在中小学教师开放型在线研修管理服务平台上提供学科类培训资源，通过全市优质师资和研修资源的汇聚，优秀教师学科专长的萃取，为有需求的教师提供针对性、精准化的学科类线上研修资源。研修内容涵盖地理、化学、

科学、历史、美术、生物、特殊教育、体育、心理、班级管理和思政品德等 19 个学科，及时帮助教师解决教育教学和班级管理中存在的问题，支持其专业能力发展。

2. 整合改进资源平台，让资源更多样

培训资源平台对促进干部教师专业发展具有支撑作用。基于此，各区通过专业发展平台的建设、优化、整合和应用，让各级各类干部教师获得更加多样的资源供给。

东城区坚持利用人工智能、大数据等技术，不断整合资源平台，完善系统功能，为“东城品格、首都标准、中国特色、世界水平”的高质量发展提供专业支撑。例如，逐步整合职业研修的课程开发和专业竞赛平台、特殊教育信息化建设应用平台、心理安全大数据平台、家庭教育公共选修课平台等系统，打造“研＋训”数字系统，丰富智慧教育体系。再如，为推进智慧教育示范区建设，制定《东城区智慧教育三年发展规划(2020—2022)》。在此指引下，推动人工智能技术应用下智慧教育深化的进程。以英语学科为例，借助新技术开展“模考＋教学＋训练”三位一体的听说教学实践，探索“教学评一致”实践模式，全链条、全要素创新课堂教学的研究。在技术的驱动下，东城区组织和直接参与国家级、市级、区级优质课例 1174 节，录制自主学习微课 1619 节。平台整合促进了培训资源的多样供给，形成以教研员网络空间工作室为纽带的研修模式。运用此模式，东城区开展学科线上研修活动 4023 场，信息技术应用赋能活动 892 场，有效地促进新一代信息技术在干部教师培训中的融合应用。

西城区在建设“西城教育研修网”18 年的过程中，逐步开发了协作组、研究圈、资源、活动、课程、视频案例等功能，完成从“资源发布网站”到“网络互动研修平台”的转换，发挥研训一体化、共享优质资源、缓解工学矛盾等方面的作用。据统计，截至 2022 年“西城教育研修网”拥有用户 38633 人、协作组 2359 个、研修资源 323003 条、研修活动 8415 个、视频案例 1565 个、研修课程 2796 个。其不仅为区域教师提供丰富的研修资源、研修管理一体化服务，而且面向内蒙古呼伦贝尔阿荣旗、呼伦贝尔市、赤峰市，贵州省毕节市等多个地区的教师提供培训课程，5000 余人注册并使用，有力地促进了教育均衡发展。2021 年，西城区入选“教育部第二批人工智能助推教师队伍建设试点单位”。在此背景下，“西城教育研修网”2.0 项目启动。项目以先进的教育理论为指引，聚焦教师队伍高质量发展，努力打造以增强教师研修共同体成效为目标，以网上协作组为单元，以课程、活动、资源为载体，集案例、课例、课件为一体，跨学段、跨学科、跨终端分享的资源供给平台，力争实现立体化培训、全方位指导、全流程管理，进而助推培训模式灵活化、服务精准化的实践研究。

门头沟区面对区域干部教师人员分散难组织、培训过程难监督、资源数据难汇聚、培训效果难评估、成果应用影响范围难扩大等多重挑战，开发和建设“门头沟区域教师专业发展平台”。平台具备审查、监督、宣传、资源积累、成果推广等相关功能，实现对区域名师工作室培训整体情况的管理和监督，并且有效汇聚、共享培训资源。14 个名师工作室在平台上组织活动、开展研修，汇集流转了研修数据、考核成绩、效果评估等资源；既充分发挥名师工作室的功能和成效，又扩大了名师工作室的影响范围及其在区域教育中的示范带动作用。平台建设进一步驱动培训资源的供给，以“门头沟区推进中小学校党组织领导的校长负责制改革工作专题网络培训”为例，区教育工委依托国家教育行政学院开展研修，深化党员干部对党的创新理论认识，促进党建工作、教育教学、德育和思想政治工作深度融合，推动学校党组织全面进步、全面过硬，为实现以高质量党建推动教育高质量发展不断锤炼本领。

二、培训服务模式改革的创新与研究

为推动参训干部教师由知识传递的被动接受者转变为能力成长的主动探索者，北京市积极探索研究信息技术融合干部教师培训服务模式的改革与创新，促进培训成效显著提升。

1. 引领研修新形态的构建，让培训学习更精准

为进一步深化教师研修模式改革和创新，推进“互联网＋”开放型教师教育，促进全市中小学教师研修学习共同体的形成，2021 年 11 月北京市教委与北京市财政局联合印发了《北京市中小学教师开放型在线研修计划

(试行)》，启动了“中小学教师开放型在线研修计划”(以下简称“开放研修”)。

开放研修通过动员全市中小学特级校长、特级教师、正高级教师、市级学科教学带头人、市级骨干教师(含骨干班主任)担任指导教师，依托“开放研修”平台和“师慧研”App，为有需求的教师提供在线研修服务，实践探索了“名师直播讲堂”“一对一实时研修”和“开放式检课”3种在线研修形态。其中，“名师直播讲堂”形态下，指导教师以直播的形式开展教育理念、方法等方面的讲座，学员教师与指导教师可以在讨论区留言进行文本形式的双向互动，提升学员教师的教育教学理念。每场时长为60—90分钟。“一对一实时研修”形态下，指导教师可以设置个人可预约时间等待学员预约，也可以主动认领学员教师发布的问题，还可以随时在线等待学员教师发起研修，实现基于音频、视频、文本、图片等形式的双向互动，解决自身在教育教学中的个性化问题。每次交流时长为10—60分钟。“开放式检课”形态下，学员教师可将自己所授的待检课程信息发布在平台上，定向邀请或开放给平台所有指导教师(课程以直播或录像形式呈现，可附带教学设计、教学课件等)，指导教师(不超过3位)可以进行认领。每位指导教师首先对课程给予点评分析并出具检课报告，然后几位指导教师在共同约定的时间与学员教师开展不少于45分钟的互动研讨。同时，系统根据课程情况为学员教师推送相关个性化研修资源。

目前，开放研修在通州区、密云区、延庆区和门头沟区义务教育阶段中小学教师中试行。4个区的教师们可以在平台上根据实际需要自主选择研修形态，接受全市指导教师的在线指导，与他们切磋交流。自2022年3月31日项目启动至2023年1月7日，全市共有1420名具有指导访问权限的教师面向四个试点区17392名学员教师提供在线研修服务。

开放研修通过三种在线研修形态的实践，汇聚全市优质研修资源，给予普通教师自主选择优质研修资源的机会；主动开展“互联网＋”研修模式的探索，有效推动培训供给侧同实践需求侧的精准对接。开放研修围绕教师落实“双减”及“新课标”实践中的“真问题”，形成从学习到设计，再到实践和反思的正向循环，促进教师的学习、迁移与应用，解决了教师教育教学过程中个性化的需求，探索了线上线下相融合的研修新生态。

2. 建设多样化培训模式，让培训效能更显著

依托培训资源类平台，各区主动探索多样化培训模式的建设，持续提升培训效能，激励干部教师逐步由被动学习向参与式主动学习转变。

海淀区启动"海淀区人工智能助推教师队伍高质量一体化发展项目"，以新理念、新技术、新模式和新机制，探索先进技术支撑的多样化培训模式，服务海淀现代化教育强区建设。例如，探索"双师课堂"，形成教师协同备课、协同教学的远程协作新模式，促进课堂教学提质；研究混合式教学，形成"线上巡课＋教学指导＋资源供给"的区域指导路径。再如，基于智能研修平台的云培训新模式，海淀区通过大数据挖掘分析，建立教师成长过程评价与追踪机制，为进一步探索教师"数字画像"、支持教师进阶发展提供依据。又如，开展新任教师到骨干教师能力进阶精准培训，基于新任期、成长期、骨干期现状及需求的数据挖掘与分析，构建教师不同专业发展阶段的能力评价维度，科学设计混合式进阶培训课程。在多样化培训模式的实践探索下，开展65场"海淀'大教研'之一体化联研"系列实践活动，形成基于人工智能支持的联合教研实践模式，即课例载体的联合教研、学科学术研讨类的联合教研、复习和命题为主导的联合教研，为共享数字化培训资源，构架教师集群式、一体化成长模式探索科学策略。

房山区基于课堂教学质量、干部教师培训质量的数据分析，以"房山区靠谱COP项目"(教师在线实践社区的简称，The Teacher's Online Communities of Practice)的实施为契机，积极探索创新培训模式的变革，以有效指导干部教师改善教育教学的实践性知识及经验，推动学校整体办学水平提升。"房山区靠谱COP项目"以课堂实践问题为核心，采用大卫·库伯的经验学习圈发展模式，借助课堂教学行为大数据等分析方法与技术，由首都师范大学靠谱项目专家、房山进校研修员、中小学校学科教师等共同体组成的学习型组织，开展基于教育大数据科学范式下的教学研究，实现以科研促教学改进、以教学实践促研修品质提升的双向互动。项目组设计"问题诊断(原始课)——研究改进(改进课)——资源建设(教学课例、教学课件、微课)——成果辐射(网络研讨)"的课例研究范式，以"S-T分析、有

效性提问、教师回应、四何问题、对话深度”等维度分析课堂教学，从“教育信念、自我知识、人际知识、策略性知识、情景知识、反思性知识”六类实践性知识研判教师知识结构，通过单元整体教学研究、“小组合作学习”研究等方式提升教师专业能力，增强区域课堂教学效果，促进学校发展。

密云区依托“中小学教师信息技术应用能力提升工程 2.0”(以下简称“能力提升工程 2.0”)项目在区域的实施，逐步形成三种培训模式，推动干部教师自主学习的开展。第一种模式为线上学习与线下研修相结合。线上主要以教师自主学习为主，教师利用业余时间，按需选择课程学习；线下研修以学校为单位，开展校本研修、评价考核等活动，学习适用于教学的微能力点。第二种模式为整体培训与分层指导相结合。整体培训围绕政策、一划两案①、整校推进、方案与反思的设计等内容开展解读、专题讲座、指导等活动，指导干部教师分阶段研修；分层指导基于学段、学科开展 4 场针对性的在线研修，有效地帮助教师打磨具有研究价值的课例，推动应用转化。第三种模式为远程沟通与面对面交流相结合。此模式旨在帮助学校解决项目进程中遇到的实际问题。远程沟通分为幼儿园、小学和初高中三个组，通过电话、微信、邮件等方式进行指导；面对面交流通过视导、下校等活动解决实践困惑。为固化培训模式创新的经验与成果，以“密云教育云服务平台”为载体，开展 2.0 项目优秀成果评比展示活动，展示近 300 个优秀案例、课例，有效促进技术与干部教师培训的深度融合。

大兴区高度关注人工智能和大数据驱动下的培训供给变革，为建设高素质专业化创新型教师队伍，积极探索新兴技术驱动下的干部教师培训新模式。以“能力提升工程 2.0”为契机，区级层面逐步探索了三种培训模式。第一种是学校信息化教学模式新样态的探索，研究如 AR(VR)智能情境创设教学模式、白板 iPad 支持项目教学模式、微课支持翻转课堂教学模式等数字化研修模式的应用。第二种是探索信息化培训新风貌，借助 UMU、小鹅通等系统开展线上线下混合式工作坊，形成智能教学助手应用的系列培训课程。第三种是探索培训机制的建设，建构基于大数据的体育课堂运

① “一划两案”指学校信息化教育教学发展规划、校本研修方案、校本应用考核方案。

动负荷监测微模型，梳理“建队伍、强合作”“建机制、保质量”“研工具、重引领”“研策略、精指导”“展成效、深推广”的“两建两研一展”信息素养培训新机制，增强干部教师借助先进技术手段改进教学的意识和能力。2021年，大兴区成功入选“教育部第二批人工智能助推教师队伍建设试点单位”，开启“大兴模式”教师培训数字化转型新征程，并确立以“人工智能助推教师队伍建设”项目为统领的区域“十四五”培训数字化转型工作，为数字时代干部教师培训供给侧改革探索可行性参考。

三、信息技术能力的提升与实践

信息技术应用能力是新时代高素质教师的核心素养。为推动教师主动适应信息化、人工智能等新技术变革，增强利用信息技术改进教育教学的意识，提升信息技术应用能力，根据教育部《关于实施全国中小学教师信息技术应用能力提升工程2.0的意见》的要求，北京市实施“中小学教师信息技术应用能力提升工程2.0”。

1. 组织全市“能力提升工程2.0”项目，让信息应用能力全面提升

“能力提升工程2.0”项目按照“市级规划指导、区级统筹监督、培训机构助力、整校推进、示范引领”的实施策略，构建以校为本、基于课堂、应用驱动、融合创新、评用结合的教师信息素养发展新机制，对全市中小学教师开展不少于50学时的能力提升工程全员培训。通过整校推进的信息技术应用能力培训，有针对性地提升教师利用技术解决教育教学过程中实际问题的能力，有效服务教育教学改革；打造信息化教学优秀团队，提升校长、教师面向未来教育发展进行教育教学创新的能力；按照“区级负责，统筹资源、协同推进”的原则，因地制宜开展教师信息化教学示范培训，以试点先行的方式缩小区域间、校际教师技术应用能力的差距，促进教育优质均衡发展；适应技术发展趋势与分层分类培训需求，升级“能力提升工程2.0”项目支持服务体系，保障融合创新发展。2021—2022年共完成面向7455名学校管理团队成员开展信息化领导力提升培训，面向1578名区级培训团队成员开展培训指导能力提升培训，面向174558名教师开展信息化教学能力提升培训。培训基本实现了校长信息化领导力、教师信息化教学

能力、培训团队信息化指导能力的显著提升，全面促进信息技术与教育教学融合创新发展。

依托“能力提升工程 2.0”项目，各校完善了信息化教学设施，推进数字校园、智慧学校建设，探索教育、教学、教研、管理、评价等领域的创新发展；教师主动利用技术开展教学设计、教学实施、教学评价、教研组织、教学管理等方面的教学实践，形成了信息化教学常态应用的习惯，积极探索基于多媒体教学环境、混合学习环境、智慧学习环境下的多种类型(不同学科、不同课型)的教学模式。项目实现了“成果规划、机制驱动、专家支撑”三位一体的协同创新。即，以区—校—人三层成果为导向，以市—区—校—组—人五级联动机制为驱动，以区级培训团队、校级管理团队、校级培训团队三个团队为主要支撑；并逐步建构起北京市“能力提升工程 2.0”整体行动范式、特色推进机制，高效助推干部教师信息化应用创新能力的提升，为充分发挥数字技术带来的教育红利提供科学策略。

2. 落实培训成效转化应用，让信息技术融入学科教学

在开展“能力提升工程 2.0”项目时，各区坚持“整校推进”原则，注重以学校信息化教育教学改革发展促进教师能力提升，并努力将培训成果融入教育教学的创新实践中。

平谷区基于真实教育教学活动，实施“能力提升工程 2.0”项目，从目标、成果、节奏、活动、能力和评价等维度，将技术融入学校教师的教育教学，促使信息化技术有效转换应用。学校结合项目规划在学科教研组开展大单元教学、双师课堂和大数据分析等课题研究，推动教师主动将技术应用于教育教学、研修培训等活动中。在推进转化应用的过程中，区级指导团队发挥教研员的学科优势，建立“交流、研究、实践”一体化指导模式，按学段提供指导服务，将区级研究课、区级公开课及日常教学研究与项目有机结合；校级管理员积极组织开展集体备课、研课磨课、专题培训、展示交流等研修活动，帮助教师打磨技术应用于教育教学的创新案例。经过团队的指导和共同努力，平谷区干部教师逐步将信息技术应用到学科教学中。区、校培训者团队为积累信息化教育教学创新的经验，提交“信息技术教育教学应用反思”4526 篇，“信息技术教育教学应用设计方案”4526 篇；

内容覆盖全学段全学科，涵盖学校信息、应用背景、应用目标、应用计划，涉及深度学习、“双减”政策落地、学科育德等热点内容。

石景山区为鼓励各校将信息技术应用列入学校发展规划，引导学校建立2.0项目实施机制，围绕学校管理、课堂教学、资源建设、教育科研、家校联系等方面深入推进技术应用，促进学校信息化水平的整体提升。各校在教研组、学科组内，采用听评课、课例分享等方式，组织干部教师就技术应用课堂、应用教育等方面进行交流研讨，指导他们进一步熟悉使用策略，从而更好地实施应用。例如，课前使用问卷星等工具调查、分析学情；课中运用思维导图、希沃授课助手等工具构建情景化教学环境；课后应用小程序等工具进行评价反馈。项目在学校的开展，推动教师使用技术开展教学活动，探索适应学校发展需求的能力提升新模式。以“能力提升工程2.0”项目为契机，石景山区在集团校内组建骨干引导、学科联动、教研组互助、整体提升的研修共同体，通过区级培训机构—集团校—集团校教研组—学科教研组的四级联动，激发教师内生动力，帮助教师找准能力短板，参与线上课程学习和线下校本研修，形成教育教学应用设计方案，并将方案应用于实践，完成教学反思，提升教师在真实教育教学活动中的应用能力。

延庆区本着“搭平台、重融入”的原则，“基于实际、着眼长远、重在应用、提质增效”的工作思路，针对学校、教师的不同特点，通过示范校带动辐射的方式整体推进“能力提升工程2.0”项目。项目组深刻认识到要建立适应学校发展需求的教师信息技术应用能力提升模式，就要先强调教师的信息技术应用培训必须基于学校发展，立足应用现状，要把教师的学习环境、学习内容与真实课堂结合起来。基于调查研究，选取示范学校11所，利用集团化、学区化办学开展信息技术教研工作，以展示成果、凝练智慧、分享经验的方式带领同类型学校开展工作，助推全区培训工作有序开展。截至2022年，全区共有58个单位，3955名干部教师参加培训，信息化领导能力、教学能力和指导能力等方面得到显著提升。在“能力提升工程2.0”项目影响下，“延庆区教育科研平台”“延庆区教师研修网”“延庆区师干训管理平台”“延庆教育资源云”等平台的建设正在逐步丰富培训供给，推动信息技术融合学科教学的创新发展。

第四章　未来发展篇

——北京市基础教育干部教师培训趋势分析及重点关注

进入“十四五”以来，一系列深化教育改革政策文件的颁布、理论研究的不断深入、信息技术的迅速发展、实践工作的持续推进，使得干部教师培训工作不断迎来新的发展机遇和挑战。在立足当下的同时，更需要展望未来，对行业发展趋势进行分析。分析干部教师培训的发展趋势，一方面为政府部门、领域相关组织提供决策支持；另一方面也为干部教师培训机构提供工作思路，明确未来发展方向。

本章主要呈现我们对北京市未来1—2年干部教师培训发展趋势的分析过程及初步结论。通过政策分析和文献梳理、问卷调查、专家访谈等不同方式，我们多渠道收集信息、综合分析，旨在得出对干部教师培训工作有借鉴价值的共识性判断。

第一节　干部教师培训的趋势分析

一、以政策文献分析关键方向

“十四五”期间，尤其是《新时代基础教育强师计划》颁布以来，努力造就新时代高素质、专业化、创新型中小学教师队伍成为重要工作方向，对干部教师培训的要求更高、期望更大。为了解当前干部教师培训工作的关键方向，编写组通过梳理中央、教育部及北京市相关政策文件，查阅学术期刊论文等方式，提炼出理论及实践领域共同关注的热点问题。

师德师风建设一直以来都是党和国家在教师队伍建设上首要关注的问题。习近平总书记发表系列关于师德师风的重要论述，明确师德师风建设是评价教师队伍建设的第一标准。2018年，中共中央、国务院颁布的《关于全面深化新时代教师队伍建设改革的意见》中指出，把提高教师思想政治素质和职业道德水平摆在首要位置。2020年，教育部办公厅印发《中小学教师培训课程指导标准(师德修养)》，明确以培养“四有”好老师为目标导向。这些政策和举措，都反映了党和国家层面对师德师风建设的重视。

“双减”和“双新”[①]背景下，干部教师既要直面岗位能力提升的挑战，又要直面培训时间有限、精力不足的困境。“工作现场”即“学习现场”的诉求已经愈发凸显。校本研修在提升教师实施新课程、新教材能力，改进育人方式、方法等方面，显示出独到的优势。贾汇亮(2022)提出，我国教师培训正从大规模脱岗集中培训逐步向校本化、实践化、个性化在岗研修转型[②]。2022年，北京市教委在《“十四五”时期北京市中小学幼儿园教师培训学分管理办法》中对校本研修的学分做了明确规定，相比“十三五”时期增加了2个学分；同年发布《进一步加强中小学校本研修工作指导意见》，提出进一步发挥校本研修(含园本研修)的优势，提升校本研修质量，有效缓解工学矛盾，促进教师专业发展。

随着技术不断更新迭代，加上新冠疫情的影响，传统的面对面线下培训受到线上线下融合的混合式研修的冲击，干部教师的学习和培训方式也随之发生变化。党的二十大报告提出“推进教育数字化转型”，北京市也接连出台《关于推进“互联网+基础教育”的工作方案》《北京教育信息化“十四五”规划》等文件。线上线下融合的研修环境，不仅为教师专业发展创设灵活开放的学习空间，更为解决真实情境下的教学问题搭建了与教学贴近的研修场景[③]。干部教师培训要适应新时代的变化，线上与线下深度融合的混合式研修将在其中发挥出更大的作用和价值。

除了线上线下融合的混合式研修，“精准培训”也是近年来文献中出现的高频词，强调关注个体真实需求，提升培训的实效性和专业性。如徐建华(2022)提出“精准施训”，为不同类别和层次的教师提供更具有针对性、适用性、有效性的培训。精准施训包括精准培训对象、精准培训内容与形式、精准培训管理等几个方面[④]。教育部、财政部在2021年发布的《关于实施中小学幼儿园教师国家级培训计划(2021—2025年)的通知》中，也有两

---

① 编者注：“双新”指新课程、新教材。

② 贾汇亮：《关照教师专业学习特性的教师培训走向》，《中小学教师培训》，2022年第3期，第1—5页。

③ 冯晓英、宋琼、张铁道，等：《“互联网+”教师培训NEI模式构建——基于扎根理论的研究》，《开放教育研究》，2019年第2期，第87—96页。

④ 徐建华：《精准施训：缘起、内涵与策略》，《中小学教师培训》，2022年第2期，第5—8页。

处强调“精准培训”，一处是在目标任务上强调“实行分层分类的精准培训”，另一处是在重点改革方面提出“完善高质量精准化的培训机制”。可见，“精准培训”是干部教师培训走向专业化的要求，也是提质增效的重要路径。

为了落实新时代干部教师队伍建设的高要求，更好地应对新时代队伍建设的变革与挑战，打造一支高素质、专业化的培训者队伍至关重要。《关于全面深化新时代教师队伍建设改革的意见》指出，“提高教师培养层次，提升教师培养质量”，“建立健全地方教师发展机构和专业培训者队伍”。培训(管理)者队伍作为开展干部教师培训工作的关键人群，如何发挥其核心枢纽作用应当成为我们关注的方向。

综上，通过政策分析和文献调研，我们认为，把握干部教师培训的方向要从以下几个方面入手：

1. 将师德建设作为培训的关键内容；
2. 将校本研修作为培训的关键场域；
3. 将混合式研修作为培训的关键方式；
4. 将培训者队伍作为培训的关键人群；
5. 发挥精准培训的关键效果。

二、以问卷调查了解现实情况

在政策分析及文献梳理的基础上，我们设计了《北京市中小幼干部教师2021—2022年培训情况调查》问卷，重点关注近两年北京市干部教师培训在关键内容(师德培训)、关键场域(校本研修)、关键方式(混合式研修)、关键人群(培训者)等方面的总体满意度、问题、需求及建议。

此次问卷调查的调查对象分为三类，第一类为教师，第二类为校(园)长，第三类为区级干部教师培训机构的培训(管理)者。对教师和校(园)长，本次调查主要采用分层抽样的方法进行：第一步，按照行政区划将全市分为16个市辖区、燕山地区和经济技术开发区共18个区；第二步，参考《2021—2022学年度北京教育事业发展统计概况》中各区专任教师数量，根据保守样本量计算公式，确定各区需要抽取的教师和校(园)长数量；第三步，按照整群抽样的方法在各区进行抽样。具体来说，即要求各区在本区内考虑地理位置、办学水平、学段等因素，以学校为最小单位，采用判断抽样的方法选取样本校(在满足样本量的前提下各学段对应学校不应少于3所)，对样本校的所有教师和校(园)长进行调查。对区级干部教师培训机构的培训(管理)者，在覆盖18个区的基础上采用方便抽样的方式进行调查。最终回收有效问卷共11507份，其中教师问卷9927份、校(园)长问卷756份、培训(管理)者问卷824份，调查对象的区域分布详见表4-1。

表4-1 调查对象区域分布

区域	教师	校(园)长	培训(管理)者
东城区	663	86	61
西城区	853	7	52
朝阳区	1421	79	54
丰台区	663	34	26
石景山区	284	28	44
海淀区	1516	29	16
门头沟区	190	44	77
房山区	568	37	13
通州区	663	44	64
顺义区	474	35	49
昌平区	663	76	93
大兴区	663	159	17
平谷区	284	40	39
怀柔区	190	7	79
密云区	284	9	59
延庆区	190	25	47
燕山地区	160	11	28
经济技术开发区	198	6	6

1. 干部教师培训总体满意度

为了解北京市干部教师培训效果，问卷调查了不同人群对近两年[①]市、区、校三级培训的满意度，调查对象通过选择“非常不符合”“比较不符合”“一般”“比较符合”或“非常符合”来对相应陈述进行评价，分别对应 1—5 分。数值越大，表明满意度越高。整体而言，各群体对近两年的培训满意度均较高，平均得分在 4.15 分以上。其中，校(园)长对干部教师培训的整体满意度最高，在各个方面的平均得分均在 4.55 分以上，而培训(管理)者对市、区、校各个层级培训的满意度都要略低一些(见图 4-1)。

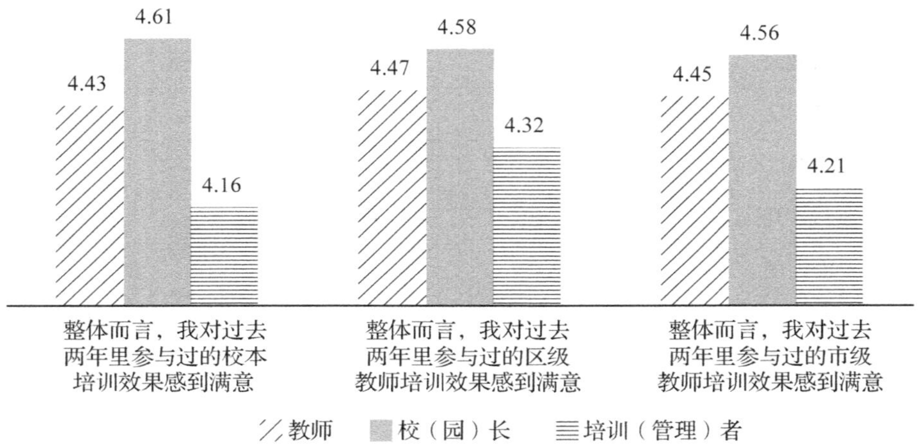

图 4-1 不同人群的培训满意度

对北京市 18 个区教师、校(园)长和培训(管理)者在市、区、校级培训的满意度评分进行差异检验，结果发现不同区不同身份的干部教师在这几方面均存在显著差异($p<0.001$)。事后检验的结果表明，大兴区、朝阳区和石景山区这三个区无论是教师、校(园)长还是培训(管理)者，对其参与的培训效果评价均相对较高，在各个方面得分均显著高于其他区。

本次调查还涉及当前各区培训者队伍具体能力的满意度，评分(1—5分)越高，表明满意度越高。结果发现，教师和校(园)长对培训者队伍 7 个方面能力的评分均在 4.4 分以上，除“诊断指导能力”之外，其他 6 个方面

① 近两年指 2021—2022 年，下同。

选择“较为满意”和“非常满意”的人数均达到90%以上(见图4-2、4-3)。

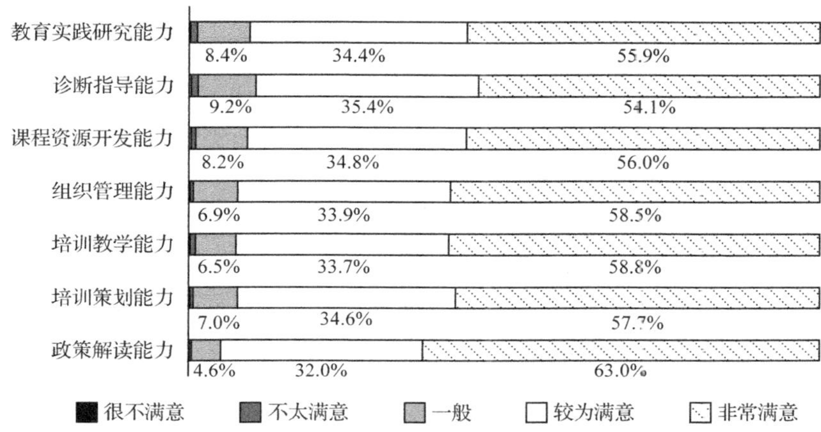

图4-2 教师对培训者队伍的具体评价(*N*=9927)

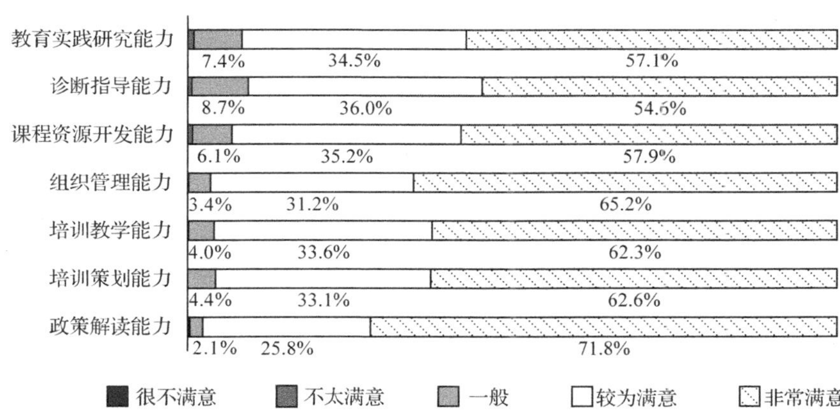

图4-3 校(园)长对培训者队伍的具体评价(*N*=756)

培训(管理)者对自己能力评估的测量同样包括以上7个方面，结果显示，7个方面的能力自评平均分为4.1分以上，略低于教师和校(园)长的评价。其中，培训者对自身“组织管理能力”的满意度最高，对“课程资源开发能力”的满意度相对较低(见图4-4)。

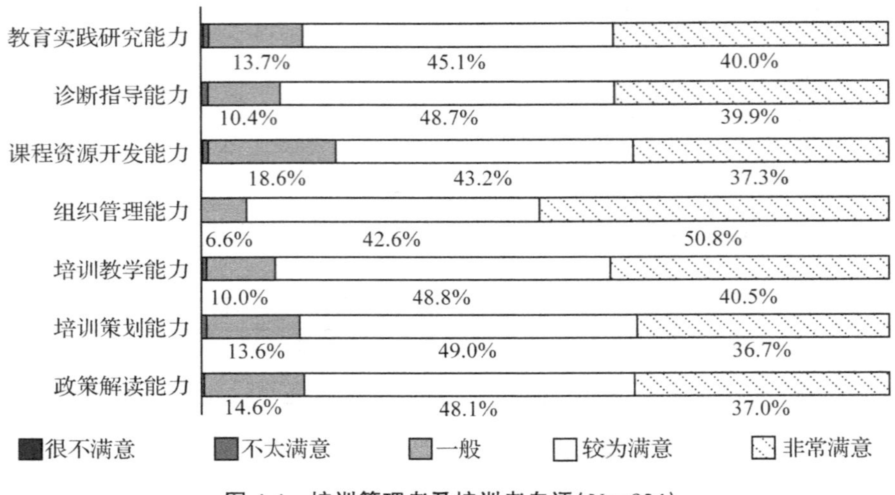

图 4-4　培训管理者及培训者自评(N＝824)

2. 干部教师培训存在的问题

调查发现，五成左右的校(园)长及培训者认为当前培训中存在的主要问题有“培训对象的工学矛盾突出”“内容供给靶向聚焦不够，容易求大求全”。另外，问卷还围绕师德培训、校本研修、混合式研修、培训者能力和精准培训等方面存在的问题分别进行了调查。

在师德培训方面，有 54.8％的教师和 62.0％的校(园)长认为当前师德培训中存在的主要问题为“培训主要以讲授为主，缺乏真实教育教学情境的代入感”，其次为“培训侧重于理念和思想，对相关行为规范和准则传达不足”。

在校本研修方面，35.3％的教师认为较为突出的问题为“缺乏专家的引领，无法展开有效的讨论”，另外，也有接近 30％的教师认为“研修成员难以从日常教学有效地发现和提出问题”。校(园)长和培训者的观点相对一致，均认为校本研修中较为突出的问题是“研修未能恰当满足不同层次教师的发展需求”，占比均超过 50％，其次则是“教师的反思意识和成长意识不足”。

在混合式研修方面，教师、校(园)长和培训者表达了一致的观点，均认为最突出的问题是“相对于传统研修而言，线上部分的研修互动性较差”，占比分别为35.5%和54.9%和53.6%。此外，近三成的教师提出“信息化工具的易用性还有待提升”“平台上的优质资源有限”，而校(园)长和培训者则认为“研修不能很好地满足教师的个性化发展需求”。

在培训者能力方面，教师和校(园)长对培训者能力的评价与培训者对自身的评价存在差异。教师和校(园)长认为培训者当前最需要提升的是“诊断指导能力”，而培训者则是对自身的“课程资源开发能力”感到最不满意。

在精准培训方面，有30%左右的校(园)长认为“对培训需求把握不精确”“培训方式方法与培训对象匹配度不够”等因素制约了培训的精准性。

3. 干部教师的培训偏好

问卷对三类人群的培训偏好进行了调查，如图4-5所示，教师、校(园)长和培训者最喜欢的培训方式均为技术支持下的混合式研修，占比分别为45.2%、54.1%和60.9%。但关于线上还是线下培训的选择，教师与校(园)长以及培训者的偏好并不一致：教师相对而言更喜欢线上培训(38.2%)，而校(园)长和培训者则更喜欢线下培训，占比分别为34.1%和24.6%。

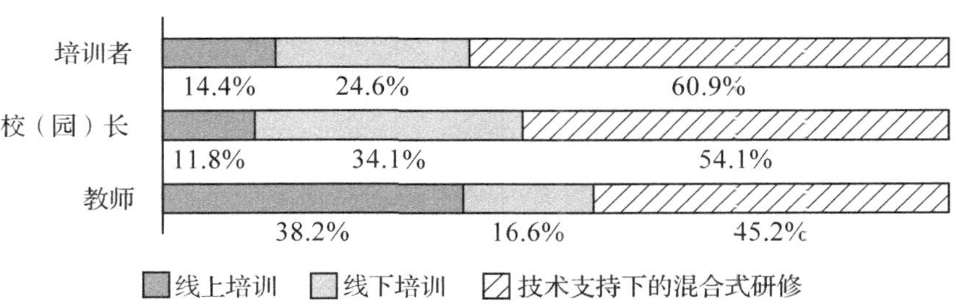

图4-5 不同人群偏好的培训方式

在被问及最受欢迎的培训者特质时，教师喜欢的培训者主要有以下突出特点：首先为“熟悉一线教学实践，能够开展案例分析”，占比为76.5%，其次为“熟悉国家教育政策，并能做通俗化解释”和“擅长将理论与实践相融合，能够在前沿理论和一线教学之间架起桥梁”，所占比例分别为47.5%和47.3%(见图4-6)。

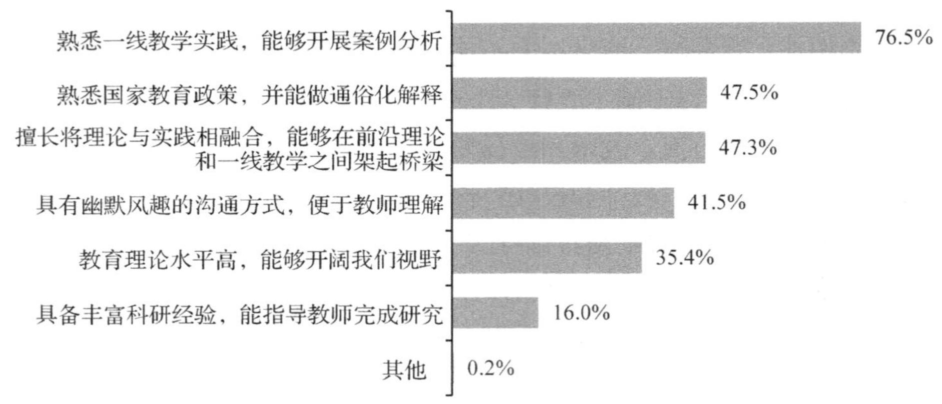

图 4-6 教师偏好的培训者特质($N=9927$)

校(园)长喜欢的培训者应该具备的特点与教师喜欢的完全一致，分别为“熟悉一线教学实践，能够开展案例分析”“熟悉国家教育政策，并能做通俗化解释”和“擅长将理论与实践相融合，能够在前沿理论和一线教学之间架起桥梁”，所占比例分别为79.8%、64.9%、57.5%(见图4-7)。

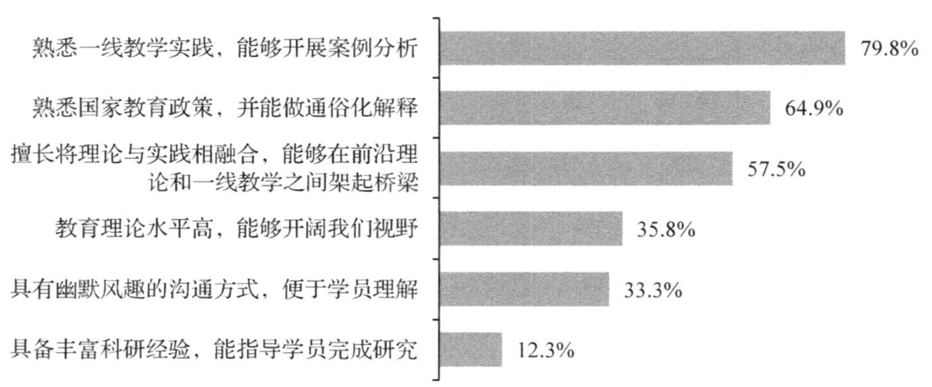

图 4-7 校(园)长偏好的培训者特质($N=756$)

4. 干部教师对培训工作的建议

本次问卷调查设置了开放题，询问教师、校(园)长还需要哪些支持。词频分析发现，教师提及最多的是时间保障(见图4-8)。很多教师希望学校合理安排工作和培训时间，适当减轻教师的工作负担，不要过多占用休息时间；同时，也有一些教师认为学校不仅应该关注教师的专业发展，也应该注重教师的身体和心理健康；此外，还有一些教师希望学校能够为教师发展创设更多的平台，提供更多的机会。

另外，部分教师也从培训方式、培训内容和培训者的角度提出了自己的建议。具体来说，关于培训方式，教师建议培训应该系统、持续地进行，培训中要多分享、多交流、多互动。希望能够更多地利用案例分析、课堂观摩、专家指导等形式获得操作性强的培训。关于培训内容，教师们的需求非常丰富，既包括课程设计、教学方法、学情、学生心理、学生管理等跟日常教学直接相关的内容，也有政策解读、课标课改和大单元教学、深度学习等前沿理论和方法。另外，信息技术、家校(园)共育、课题研究、师德师风等内容也越来越引起教师的重视。关于培训者，较为集中的建议是希望能够得到优秀一线教师，尤其是骨干教师和了解一线教学工作的专家的指导，与前面提到的偏好一致，仍然是培训要与一线教学形成较高的契合度。

教师们也提到了希望开放更多的优秀网络资源，方便更个性化地学习；此外，还有一些教师在回答中谈及反思、自我诊断等内容在自我发展中的重要意义，希望不管是日常教育教学还是针对性的培训，都应当注重反思对个体专业发展的促进作用。

图 4-8　教师发展所需要的支持—词云图($N=9927$)

关于校(园)长专业发展需要的支持，从调查结果来看，校(园)长希望获得理论与实践相结合、针对性更强、更具个性化的指导和帮助(见图 4-9)，同时也提到了分层培训的思想，认为“分层分类很重要”，应当“根据不同学校情况，开展分层和个性化指导”，并且希望能够通过专家入校的方式，“进行实地诊断，给出有效的支持策略”。

从内容上来讲，校(园)长主要在学校管理方面有一定需求，大致可以分为学校、队伍和课程三个层面。在学校层面，校(园)长提及较多的是办学理念、办学规划、办学实践、文化建设、学校管理等内容；在队伍方面，主要提到了教师培养和人才梯队建设，比如教师专业发展的顶层规划、激励制度、教师评价等内容，同时也意识到教师心理健康、职业倦怠方面的内容；在课程方面，则主要从课程体系构建的角度提出了需求。此外，校(园)长提及业务和管理能力的双重发展，认为需要对教育学、心理学、管理学前沿理论、国家政策以及政策与校情的具体结合等内容进行培训；还有校(园)长提出了需要跨领域开展培训，跳出教育看教育，比如走进企业学习等内容。

图 4-9　校(园)长发展所需要的支持—词云图(N=756)

从培训方式和培训者的角度来讲，校(园)长认为培训需要重视系统性和持续性，要注重与同行、同伴、不同学校、不同区域校(园)长以及专家的交流、分享，通过跟岗、案例分享、经验介绍、挂职锻炼、参观考察、讲座等方式进行学习，并希望培训提供更多的追踪和评价反馈，帮助提升专业能力。

另外，与教师回答的角度相似，校(园)长也认为需要解决工学矛盾、保障专业发展时间，还有个别校(园)长期望有展示的机会和平台。

此外，问卷调查了区级管理和培训人员对本区干部教师的培训建议。与教师和校(园)长一致，区级管理和培训人员也强调了时间保障对于培训的重要性。培训者普遍认为需要提高培训的针对性、精准性，要按需培训，在培训前期要充分调查受训者的培训需求，善于利用诊断、评价、分层分类等培训机制，提升培训的针对性；培训要结合相应的追踪和评价机制，为学员提供更多的反思空间；要注重培训的实效性，理论联系实际，解决干部教师的实际问题(见图 4-10)。

相对于教师和校(园)长而言，培训者在培训内容和培训方式等方面的具体建议很少，更为强调顶层设计，注重培训效果以及要实现相应效果可以考虑的途径。

图 4-10　区级管理和培训人员的建议—词云图(N=824)

三、以专家访谈把握核心观点

根据问卷反映出的突出问题和重点内容，我们邀请在干部教师培训行业内具有较高知名度和权威性的高校、中小学、干部教师培训机构的20位研究者及实践者进行半结构化访谈。专家对未来1—2年中小学幼儿园干部教师培训工作的可能趋势做出预测，提出建议，并就热点、重点和难点问题与我们进行了探讨。

综合分析专家的访谈结果发现，当前北京市基础教育干部教师培训仍面临一些挑战，例如：培训工作目标与新时代要求存在差距，培训内容的针对性和可选择性不够，干部教师工学矛盾客观存在等。未来需要进一步加强培训制度体系建设，创新设计培训项目以适应时代要求，借助信息化手段推动培训转型升级。

就五个关键方向的内容，我们将专家访谈提到的高频词进行了汇总(见表4-2)。

表4-2　五个方向的专家观点高频词

方向	专家观点高频词
关键内容(师德培训)	回归“人本”，情绪情感激励，与教育教学融合，具身认知，体验式方式，涵养师德
关键场域(校本研修)	让教师有成就感，校长是关键人物，市区资源链接，学校治理
关键方式(混合式研修)	个性化学习，菜单式资源库建设，动态支持，线上学习共同体
关键人群(培训者)	政策把握和转化能力，研究和指导能力，培训队伍专业化，培训机构资源整合
关键效果(精准培训)	宏观政策和方向把握，分层分类，明确目标及真实需求，技术赋能精准

在访谈过程中，我们发现不论谈及哪个方面的内容，专家们都在强调“关注教师的情感需求，做有温度的培训”。从校(园)长、教师视角出发，从实践中了解校(园)长、教师的需求，也是多位专家、学者及一线工作者

的共识。本章的下一节内容将围绕五个方向具体展开，为市、区、校未来开展干部教师培训工作提供借鉴和参考。

第二节 干部教师培训工作的重点关注

一、关键内容：回归“人本”的师德师风建设

在我国，师德师风建设长期以来都被放在促进国家、民族、社会发展的高度。《新时代基础教育强师计划》的基本原则第一条就是“坚持师德为先”。北京市委教育工委委员、市教委副主任孙其军在北京市“十四五”时期中小学干部教师培训工作推进会上强调：“市区两级培训机构要把教师思想政治和师德师风建设放在首要位置，全面提升中小学教师教书育人能力。”

师德师风建设的重要性不言而喻，然而在实际开展师德培训的过程中，也面临诸多现实困境。我们提出师德师风建设要回归“人本”，即关注教师作为人的全面发展，而非就师德论师德。主要建议包括：通过优秀传统文化唤醒教师的内心认知，感受教育工作的价值和意义；关怀教师身心健康发展的正常需要，提升“具身”活力；将师德教育与专业发展相结合，让师德践行更加落地。

1. 中华优秀传统文化涵养师德

中华优秀传统文化是中华民族的根和魂。通过中华优秀传统文化涵养师德，是师德师风建设的重要方式。师德师风建设工作不只依靠师德培训，这是因为培训能够实现的目标多为价值引领，形成认知和观念，而师德涵养是一个长期的过程，需要从全生态的视角来考虑师德养成。

师德建设的目标应从规范外在行为上升到道德自觉的激发，使道德自觉既成为教师的内在品质，更成为教师持久、稳定的专业行为；师德建设不能仅仅定位在国家需要和社会需要，还应定位在教师追求自我实现的根本需要，从而激发教师追求崇高师德的内在自觉。[①] 在以立德树人为根本

① 李新翠：《新时代师德建设的现实困境及其突围》，《当代教育科学》，2020年第4期，第80—84页。

任务和追求教育内涵式发展的新阶段，教育公平等目标的实现，尤其依赖于教师内在德性的提高。教师不仅要注重专业技能的习得，更应注重教师的内在涵养，关注教师自我生命的丰富性和师德建设的整体性①。以优秀传统文化助力教师提升生命价值，已有一些研究者对此做出了有益探索。北京师范大学王文静教授团队，以“文化涵养师德”为特色路径开办“生命成长营”，这一师德研修模式在北京市乃至全国多个师德涵养实验区得到了推广。经过实验组、对照组前后测的准实验设计，结果发现基于儒家经典的教育干预能够提升教师幸福感②。北京大学文东茅教授在基础教育领域开展基于传统文化的幸福教育实践，其核心理念就是帮助师生获得幸福。“幸福亲师项目”通过引领教师和家长参与阅读古代经典和当代名著，以及持续的实践、反思和交流，提升了教师和家长的认知水平，更提升了在工作和生活中感知、创造和传递幸福的能力。吸引大家参与进来的，不再是能够拿到一个证书，而是通过学习研修，真正助益他们的生命生长，启发他们感受教育工作的价值和意义。因此，涵养师德要从对教师职业身份的外在要求，转向对教师作为人本身的关注，从而唤醒教师的内生动力。

中国传统文化根植于内心、流淌在血脉中，传统文化能够唤醒教师本来就有的内心认知。比如传统文化特别强调言传身教，尤其是身教。倡导教师活出自己生命状态的精彩，活出价值、意义，这样才能用活生生的榜样给学生们示范。人们经常说“教师是学生的引路人”“学校应该成为学生精神的家园”，这都是在强调教师对学生精神成长的滋养和帮助。如今，教师职业中“情绪劳动”性质的占比越来越高。面对快速成长中的未成年人，教师必须首先要有稳定的情绪，并通过对自我情绪的管理影响学生，帮助他们建立稳定均衡的心理状态③。教师培训应该强化教师在精神层面成长的体验，推动教师自觉自愿地引领学生精神上的成长。中华优秀传统文化，

① 程晓莉、齐学红：《知识社会学视域下的师德：形态流变与建设路径》，《教师发展研究》，2022年第3期，第22—29页。

② 王文静、杨一鸣、李娜，等：《教师幸福感提升的路径探寻——基于儒家经典的教育干预研究》，《中国教育学刊》，2020年第11期，第79—84页。

③ 李希贵：《今天的教师，更多的是一种情绪劳动》，《当代教育家》，2022年第3期，第1页。

尤其是儒家思想，正是让人从一个小人变成君子、大人的系统指导思想。[①]中华文化博大精深，是我们挖掘和继承师德修养的宝库。

文化对人的影响是潜移默化、深远持久的。市、区、校应当共同努力，营造良好氛围，通过优秀传统文化引领、涵养师德，将师德师风建设作为一项长期工程系统推进。

2. 建构具身师德学习路径

在师德教育的方式上，我国通常开设专门的师德教育课程，注重榜样示范，强调"有德才有行"[②]。单向"灌输式"的师德课程和培训，可能降低干部教师在师德师风养成上的主观能动性。因此，部分学者提出"具身师德学习"，即强调教师通过身体与情境的互动，引发师德知、情、意、行的改变，最终形成教师美德[③]。

具身师德学习是基于具身认知理论，整合心理学和脑科学的研究而提出的一种师德养成方式。在具身认知理论下，具身学习是一种"嵌入"身体和环境的活动，强调学习的实践性和情境性，相较于体验学习有所超越。在具身学习中，除了学习者自身的直接体验，还可以通过他人的行为示范、言语描绘等刺激，产生"如临其境""感同身受"的具身学习体验[④]。

具身师德学习将身体体验作为师德学习的基础，注重促进教师对抽象师德概念的理解认知和表征内化[⑤]。访谈中不少专家提到："要转变师德培训中单向灌输的方式，增加互动和案例讨论。除了政治性、理论性的讲解之外，还需要生动的事实和案例解剖，例如把引起舆情的案例拿出来进行分享，让教师作为'当事者'，角色沉浸地参与进来。"北京师范大学班建武

① 从春侠：《修己以安人：儒家文化视角下教师的角色与幸福——对话北京大学文东茅教授》，《教师发展研究》，2022 年第 3 期，第 1—14 页。

② 《中小学师德修养培训课程指导标准》研制课题组、林崇德：《〈中小学师德修养培训课程指导标准〉的政策研制与落实》，《课程·教材·教法》，2022 年第 1 期，第 123—130 页。

③ 刘乔卉、吴宇航、周琬琦，等：《论具身师德学习路径的理论基础》，《教师教育研究》，2022 年第 6 期，第 10—15 页。

④ 裴淼、刘乔卉、靳伟，等：《具身师德学习的内涵、价值和路径》，《教师教育研究》，2021 年第 6 期，第 38—44 页。

⑤ 刘乔卉、吴宇航、周琬琦，等：《论具身师德学习路径的理论基础》，《教师教育研究》，2022 年第 6 期，第 10—15 页。

教授同样认为："将一些前沿性的成果服务于师德培训，会让参与者代入感比较强。例如具身认知的方式、脑科学的方式、戏剧教育、研讨式工作坊等等。"

此外在实践中，关怀教师作为专业工作者之外的身心健康发展的正常需要，能够为教师"具身"情感素养的提升奠定基础。"教师职业生命的实现需要给予身体生命足够的观照，身体的热情、激情、感情，身体的语感、数感、乐感、美感、成就感、存在感、道德感、意义感、方向感，身体的感性、悟性和理性都需要得到充分的保障。"①没有这些"具身"活力的保障，教师专业化的情感素养就会失去源泉和动力。首都师范大学田国秀教授在访谈中也提到："目前教师个人的职业生涯、人际关系、自我认同、婚恋问题等都还没有进入教师培训的视野，但教师个人的情感状态应该成为教师培养和培训中非常重要的一块内容。"学校作为教师成长发展的主要阵地，更应该主动创设舒适的育人环境，建立有利于教师发展的管理制度。

3. 提供常态教育教学环境下的具体行动指导

传统的师德培训对教师精神和观念层面的要求较多，但对于具体如何落实的指导不足。在师德师风理论认知层面，实际上多数干部教师具备一定的意识和科学观念，比如，教师认同要关爱学生，但涉及如何"因人施爱"时，可能就会出现方式不够妥当等问题，甚至导致"好心办坏事"。因此，师德培训亟须给干部教师提供践行师德的具体行动指导。需要注意的是，当前在师德建设中存在着不同程度的"两极化"现象：一类是大力宣传倡导崇高师德，一类是过于渲染突破师德底线的行为，而在很大程度上忽视了占教师队伍大多数的普通教师的常态师德。实际上，常态师德与教师的日常教育教学实际更为紧密，也是对学生成长产生最直接影响的师德形态②。综上所述，提供常态教育教学环境下的具体行动指导能够为广大干部教师提供践行师德的抓手，让师德师风建设更加落地。

首先，可以考虑以处理师生关系、提升育人能力为切入口。问卷调查

---

① 于忠海：《教师情感素养提升：从"离身"忘我到"具身"在我》，《教师发展研究》，2022年第3期，第84—90页。

② 班建武：《师德建设要高度关注常态师德》，《中小学校长》，2021年第9期，第14—17页。

结果显示，近五成的培训及培训管理者期望师德培训更多地“将立德树人融入学科教学培训，使教学和育人相融合”。北京教育学院副院长汤丰林提到：“师德不能是脱离专业发展的‘德’，要把师德教育与教师的专业成长和发展相结合。”例如，将如何处理师生关系的技巧培训融入师德师风建设，准确识别学生的需要，把师德师风的要求提到真正尊重学生上来。其次，在师德师风培训中纳入意识形态、法律法规的内容。师德是高级形态的教师专业表现，应具有正面性和导向性。底线标准是职业的基本规范，要明确在此之上做到哪些才是专业的要求①。现代化建设的重要内容就是法治建设，教师必须首先懂法守法，而在实际工作中涉及用法律法规知识处理相关问题时，其应对能力有待提升，所以要进一步加强干部教师对新时代法律法规的学习和教育。最后，教师日常的情绪情感应该得到关注。学校是否关爱教师，教师的情绪情感是否被激励，将直接影响教师的状态。正如三帆中学陈国治校长所说：“教师这个职业需要有较高的道德标准，教师不断地付出，所以其自身是需要被激励被滋养的。学校要求教师关爱学生，那学校也要竭尽全力关爱教师。师德建设不等同于师德培训，更是对教师关爱工程的整体设计，其次才是培训的具体实施。”市、区、校在后续开展培训的过程中，也应当更多关注教师的情绪情感状态，如开展正念练习、社会情感技能指导、积极倾听指导等，帮助教师对自身情绪有所觉知，掌握压力管理技能，增强情绪调节的能力。

二、关键场域：设计支持主动学习的校本研修

2022 年 6 月北京市教委正式发布的《进一步加强中小学校本研修工作指导意见》中明确指出，校本研修以学校为基本单位，聚焦解决教育教学实际和学生成长过程中出现的普遍性、发展性、关键性问题；在《“十四五”时期北京市中小学幼儿园教师培训学分管理办法》中又对校本研修的学分做了明确规定，从“十三五”时期的 10 学分增加为总计不少于 12 学分。这些政

---

① 周增为：《重视教师专业的更高规范——简论师德的专业内涵与道德自觉》，《人民教育》，2022 年第 1 期，第 51—53 页。

策均体现出“十四五”期间北京市在校本研修上持续重心下沉的制度方向。

问卷调查发现，对校本研修中存在的主要问题的认识上，校(园)长和教师存在较大差异。这一结果与专家访谈结果一致，专家认为要想真正做好校本研修，需要让全校的管理者和教师在校本研修的理念及行动上形成融合状态，即做好校本研修的一体化设计和系统性规划，包括学校文化与校本研修规划的一体化设计、学校发展与不同阶段教师内动力激发的一体化设计、真实工作任务与教师学习融合的一体化设计。

在这几个维度的探索中，我们结合北京市当下校本研修的现实问题，根据政策分析和文献梳理、问卷调查以及专家访谈，提出每个维度的关注重点分别为：组织需要和个体需要的兼顾、成果和成长取向的平衡以及培训课程开发与研修过程的融合，以期通过对这些关键点的思考，使学校不仅成为学生成长的场所，同时也成为教师主动学习、专业提升和成就事业的重要场域。

1. 共建愿景，促进“组织”与“个体”双向成就

学校愿景在学校文化的建构过程中扮演着核心角色，更是校本研修规划的宏观引领，在很多教师专业发展成功的学校，其教师的学习都和学校的发展愿景紧密相连。两者的一体化设计，保障了发展目标与落实路径的高度一致，并实现了组织发展成就个体发展，个体发展促进组织发展的双向成就模式。

比如北京市十一学校一分校，成立之初是由两所学校合并而成，如何让一所新合并学校的教师团队快速统一价值观，形成合力，校长首先在统一目标、共启愿景上下功夫。经过首届教代会的反复讨论，最终将“建设一所受人尊敬、令人向往的好学校”作为学校的发展愿景。随后逐步完善课程、机制、资源等关键要素的建设，重构教学关系等。教师学习的线索也在学校整体规划和实施中不断形成。针对在发展新模式的过程中出现的新问题，教师们积极探索解决之道，逐渐形成了业务论坛、集体备课、反思会、微课程等多种校本教研平台，问题在集体智慧下有效解决，并构建了群体学习的文化生态。

在北京市各区域调查中发现，发展较好的学校均有一个比较相同的路

径，即：从学校愿景出发设定学校发展目标、系统思考多元要素、确立教师成长规划，进而明确研修内容，最大限度地实现从学校本身需求出发设计教师学习内容，进而实现学校发展与个体发展的双向链接和互动，让教师获得归属感、力量感和整体意识，最终形成学校和教师的共同发展。让全校教师共建愿景，达成共识，形成凝聚力，无论在学校建设上还是在教师专业发展上都具有四两拨千斤的作用，但问卷调查的结果显示，在对共建愿景的认识上，学校还需进一步加强。

北京教育学院副院长汤丰林在接受访谈时表示："校本培训要取得实效，要把培训与学校的专业工作相结合，与课题研究、教研工作、日常工作融为一体，是融入式、包容性的研修。学校层面要有设计，教师层面要有自我成长发展的设计，同时培训机构要有相应指导。"

可以说，形成共同的愿景目标是学校整体发展的第一步，然后再思考如何使教师个体层面的学习与努力不是散落的个体行为，而是匹配组织发展方向并汇聚成向上向前的合力与氛围，促进"组织"与"个体"的双向成就。

传统教师培训的重点主要集中在教师个人能力的提升方面，而很少关注作为整个组织的需求和个人需求之间的关系。在管理学视角中，组织中的个体能力发展及其与组织发展的匹配程度是组织获得高绩效的基础。大部分情况下，管理无效的原因是没有把个体放在组织中进行理解，忽略了个体与组织融为一体的特征。当校本研修把学校作为一个完整单元进行系统思考时，就有机会从"单体化"转向"立体化"，从系统规划、整体性设计到立体化建构，从问题的产生与研判、过程的设计与展开、人员的安排与分工到成果的展现与评估等维度，加以统筹考虑，立体推进，才能实现将个体需求融入组织需求的大框架内。

2. 全面唤醒，平衡教师的"成果"与"成长"

校本研修是在校本培训、校本教研、学科教研活动等概念的基础上演变过来的，顾泠沅教授曾提出将"校本教研"改为"校本研修"更为合适，这是因为研修更能体现主体性与主动性。[①] 从价值取向上看，校本教研是"成

① 衡德翠：《基于价值取向视角校本研修的个案研究》，硕士学位论文，南京师范大学，2015年。

果”取向，希望通过把成果与评价相结合以此来表征教师的实际获得，发展教师做出选择和自我激励的能力。① 但在实际实施的过程中，也出现一些学校会越过作为主体的教师，直接把注意力放在满足外部评价的需要上，出现“为了成果而成果”的现象，使研修难以对教师发挥应有的作用。

教师的研修过程其实是一个“从问题到解决方案”的求索过程。从日常教育实践中的某一问题开始，以改进实践为目的进行探索与反思，同时学习与分析相关的经验与理论，最后提出改进实践的解决方案，从而提高自己的教育理论素养。学者研究发现，北京市中小学教师学习的内部动机较强，而外部动机表现得较弱，要多种方式激发教师的学习动机。② 所以在课程改革的今天，校本研修应该传递出(表现出)更多的“成长”取向，不再单独强调结果是唯一目标，而应更注重过程性发展，关注通过研修活动，教师自身获得了怎样的发展。③

北京一零一中教育集团总校校长陆云泉在接受访谈时表示：“之前的培训只关注到教师如何上课，很多校本培训聚焦点在教育教学，关注课堂教学，主要是听评课、示范课等‘术’的层面，这是远远不够的。要特别注重在研修过程中唤醒教师的内动力和成就感，而不是仅仅以单一成果的形式来评价教师专业能力的发展。”在陆校长的带领下，一零一中常以沙龙的形式，将科研、教学、德育整合开展。学校以问卷形式收集教师们来自工作中的困惑和问题，梳理确定哪些通过教研解决，哪些需要请专家，每周提前发布沙龙邀请，请教师们自由选择参加，在宽松的氛围中围绕这些问题开展头脑风暴。这样的活动教师们的参与度非常高，他们的学科、年龄、思维方式均不同，在头脑风暴过程中互相激发，从而生成新的思考。这些新的思考最终也会形成“成果”，但这些“成果”的形成却是自然而然、水到渠成。陆校长表示：“这种讨论积累到了一定阶段，学校酝酿形成一本教师手册：《北京一零一中学教育 100 问》，未来再把这些内容上升为科研问题，

---

① 李树培、魏非：《中小学校本研修的问题、缘由与路径》，《教师教育研究》，2019 年第 2 期，第 37—41 页。

② 汤丰林：《中小学教师学习研究：现状与对策——基于北京市 1066 位教师的调查数据》，《北京教育学院学报》，2021 年第 5 期，第 21—28 页。

③ [美]约翰·杜威：《民主主义与教育》，王承绪译，北京：人民教育出版社，2001 年，第 11 页。

把科研、课堂教学和学生德育整合起来。”

校本研修应注重过程设计和追踪，并用过程性评价和作品评价发挥激励作用。研修中让教师比较多地用观察、讨论、座谈等形式积累相关资料，针对案例中的现象与问题鼓励成果的生成与发展，更多地提倡教师进行过程的设计与感受。① 在引导教师发现和解决问题的过程中充分激发教师内心的成就动机，激活教师解决现实问题并不断尝试的热情。同时在评价上，可采用展示性评价的方法，组织同行评议，把评价环节变成又一次研讨学习。

这样的研修就不再是简单地停留在一味追求成果的层面，而是充分关照教师的成长过程，全面唤醒教师主动成长的愿望，让教师们充分享受研究中的快乐与“回报”。就像美国教育学家约翰·杜威所支持的教育无目的论，校本研修也可以把研修本身作为目的，好比一次精神上的漫游，对研修者来说，过程本身具有更大的成长价值。

3. 支持实境学习，在研修过程中开发敏捷培训课程

问卷调查结果显示校本研修中较为突出的问题为：未能满足不同层次教师的发展需求、缺乏专业引领、难以从日常教学中发现和提出问题。这些反馈对未来校本研修的工作方向也有较大的启示作用。

针对教师的学习，虽然当前多级平台都建设了相应的课程资源库，但所涉及主题的颗粒度还是偏大，与教师工作实践的对应度不够高，从而不能很好地满足教师的学习和使用动机。

从学习的角度来讲，教师遵循着成人学习者的特点与规律，在具体情景下的学习具有最好的效果。② 比如当教师承担某一具体任务时，尤其是有一定的挑战性与激励性的任务时，最容易表现出乐于学习、善于学习的品质。这一特征也可以用实境学习的理论解释。实境学习思想源自建构主义视域下的情境认知或情境学习理论，融合了约翰·杜威的“做中学”理念，主要以情境学习为基础发展而来。在这种理论下认为教师获得实践性知识最好的机会在完成具体任务的过程中，是依据具体问题情境的“做中学”。

---

① 张力天：《新时代中小学校本研修评价导向探略》，《当代教研论丛》，2022 年第 8 期，第 18—21 页。

② 汤丰林：《教师培训：学习的视角》，《继续教育研究》，2014 年第 9 期，第 65—67 页。

对于不同发展阶段的教师来说，面对的问题层次各不相同，为了解决这些问题，可以把不同层次的问题作为开发教师培训课程的起点，探索课程开发的模式和教师培训课程生成机制，使优秀课程不断生成。敏捷课程开发模式是特别值得关注的一种。这种课程开发模式是基于快速迭代理念，在标准流程下进行课程共创的一种形式。通过“目标需求—小范围实验—反馈修改—产品迭代—获得核心认知—完善”的技术路径，最大限度简化课程开发的难度和专业深度，减少不必要的精力和财力的浪费，在短时间内经历方向聚焦、内容开发、教学设计、材料完善四个阶段。这种开发模式具有时效性、灵活性和协作性等优势，突破传统培训课程设计的固有局限，成为新型的课程设计思路。在这种模式下，学校可以组织教师围绕真实问题，融入多维度、多层次诊断与分析，寻求来自专家或同伴的反馈与建议等学习要素，并将这一过程形成可支持学校教师队伍可持续发展的系列培训课程。这样一些以“课堂”和“实境”为学习场所的专业发展模式将有效促进学用结合，使教师能够从学生学业成效中获得自我提升的满足感和成就感，提升内在学习动力。①

比如北京市特级校长刘可钦在学校采用即时分享经验的方式，在每周例会上设立30分钟的“且行且思”栏目，每月围绕一个主题，分享一两名教师或一个研究小团队的最新经验，学校把这样的案例提炼称为“策略发展”，之后放入“策略库”。最后把“策略库”的内容分层分类，形成针对不同类型、不同层次的教师培训课程，引导更多的教师识别自己所处的情境和遇到的问题，鼓励教师们开发自己应对问题的策略，以改进教育行为，促进学习。这样的培训课程生成路径很好地观照到教师的实践需求，解决了课程的丰富性与适用性问题，同时满足教师们在真实教学场景中的学习需求。

教师的学习讨论往往是在不断地提出问题与求解问题的过程中进行的，所以问题既是研修活动延伸的线索，又是研修活动中最重要的资源。充分发动教师思考并提出自己关心的教育教学问题，然后归类、汇总和反馈，通过敏捷课程的形式对问题和解决过程给予呈现。这样会大大激发教师们

① 闫寒冰、苗冬玲、单俊豪，等：《“互联网+”时代教师信息技术能力培训的方向与路径》，《中国远程教育》，2019年第1期，第1—8页。

参与研讨的积极性，同时也保证培训主题始终围绕教师关心的教育教学实践问题。

北京市三帆中学的校长陈国治在访谈中表示："培训如果没有抓手就会很难深入，如果一位老师能深入地参与到一个课程开发中，开发出课程就是研训的目标，开发管理就是培训管理，就可以在具体任务中促进教学相关研究。"通过一体设计，不仅使培训更加极致，同时还能给教师节省精力，教学、培训、科研三个体系目标在这一件整合的培训中得以实现。这样校本研修可以更有效地帮助教师回归教育教学工作本身，立足其专业成长过程遇到的现实问题，透过多元发展活动和个体的反思转化，在实践中因地制宜地解决问题，实现专业发展。[①]

总之，通过对校本研修的一体化设计和规划，创造出让教师内心真正认同的学习生态，不仅让教师成为主动的学习者，还能从关注提供单一化补足式教师发展活动，转移到为教师创设发展的时间和空间、发展的条件和资源，并培育利于教师发展的土壤。这样的校本研修才有了实质性落地的根基，才是让校本研修真正充满活力的核心。

三、关键方式：促进深度学习的混合式研修

以移动互联网、人工智能为代表的新一代信息技术的发展，为教师培训改革、教师培训模式、成效评价及管理机制创新提供了新方法和新思路[②]，新冠疫情的暴发也加速了对线上协同工作的探索和培训方式的转变。如今除了传统的面对面研修，混合式研修正逐渐成为一种新常态。当然，混合式研修的内涵仍处于不断发展和完善的过程当中，有学者将其界定为"网络平台学习、移动学习、现场集中学习、工作场所学习的整合，强调多种学习方式的无缝衔接、灵活转换与相互支持"[③]。而深度学习是一种主动

① 宋萑、王恒：《教师校本培训转化促进机制研究——有调节的中介模型》，《华东师范大学学报》(教育科学版)，2019年第2期，第108—115页。

② 任友群、冯晓英、何春：《数字时代基础教育教师培训供给侧改革初探》，《中国远程教育》，2022年第8期，第1—8，78页。

③ 冯晓英、宋琼、张铁道，等：《"互联网+"教师培训NEI模式构建——基于扎根理论的研究》，《开放教育研究》，2019年第2期，第87—96页。

的、批判性的学习方式，与浅层学习最大的区别是，深度学习能把所学知识迁移应用到实践[①]。

基于线上线下灵活转换的特点，混合式研修方式天然具备促进学习者深度学习的优势。发挥混合式研修的作用，最大化助力教师成长，可以从以下几个方面入手：通过平台个性化推荐学习资源，满足教师主动学习的需要；构建线上线下学习共同体，实现共同反思和成长；线上到线下灵活转换，实现理论与实践深度融合。

1. 个性化推荐学习资源

混合式研修离不开信息技术平台的支持。根据干部教师的学习进度、能力水平等背景信息通过线上平台推送个性化内容资源，能够为其精准提供动态支架，提升学习的积极性和主动性。“互联网＋”时代下，尤其是新冠疫情以来，许多高质量学习资源以网络课程、推文或者在线论坛的形式直接向公众开放。越来越多的干部教师会自主搜索网络平台上的优质资源，不再局限于到上级教育部门安排的某个机构去完成培训任务，也不再局限于固定的学习场所和时间，这种情况下，教师根据自身真实问题所选择的学习内容具有更强的针对性，往往更能直击痛点，实现真实学习[②]。在浩如烟海的学习资料中，如何快速辨别内容质量和相关程度，以支持干部教师高效获取信息，值得思考和研究。

当前，从国家层面到市、区层面，再到校层面，或多或少都进行了一些建立干部教师学习资源库的探索。比如国家层面的智慧教育平台，市级层面的北京教师学习网，但这些平台的活跃度和利用率还有一定的提升空间。对此，部分参与访谈的专家给出了具体的建议。国家教育行政学院郭垒教授指出：“现在网络培训效果不太好的原因是资源的丰富性、趣味性、针对性不够。例如：把专家很长的讲座拆分成片段，通过搜索能看到多位专家对同一个问题的讲述，就很便于教师去学习、使用。”在他看来，要将

---

① 张浩、吴秀娟：《深度学习的内涵及认知理论基础探析》，《中国电化教育》，2012年第10期，第7—11，21页。

② 闫寒冰、单俊豪：《从培训到赋能：后疫情时期教师专业发展的蓝图构建》，《电化教育研究》，2020年第6期，第13—19页。

资源进行分类、整合，才能进一步提升针对性和易用性。首都师范大学蔡春教授也提出了一致的观点："要优化资源库建设，分类要比较细才方便教师利用。"除了分类的思路，他还提到了个性化智能推荐："要针对教师教学数据进行推送。"北京师范大学冯晓英教授团队在支持通州区骨干教师研修的过程中，持续为参与的教师提供动态支架支持。项目团队基于活动过程中发现的问题，开展调研分析，根据实际情况不断补充、推送研修资源。如过程中发现有些教师在小组学习方面的知识比较薄弱，就会即时补充微讲座——整个研修过程都是根据教师们的需求发展，给予动态支持。为了提升特殊教育资源的使用效益，上海市电化教育馆开展了基于多维多源用户特征的特殊教育资源个性化推荐服务研究。个性化推荐服务的准确性依赖于用户及资源特征的提取，对特征的提取越充分，推荐效果越好。目前，上海市特殊教育资源库已接入上海智慧教育平台，通过底层数据库中用户的浏览、下载、评论及用户间交流所产生的各类行为数据构建用户特征模型，从而个性化地推荐资源①。

在大数据和人工智能背景下开展教育资源个性化推荐服务，一定程度上解决了用户信息过载与快速获取有效资源之间的矛盾。如果能够让干部教师的学习平台像网购平台、短视频平台一样"智能"，那么干部教师在实际使用过程中的积极性和效率都会得到极大提高。对北京市而言，建设高水平干部教师培养培训资源可以从以下方面着手：一是要建设优质慕课资源，动员重点学科的优秀教师开发系统的慕课课程，围绕思想政治教育、教育基础理论、学科重点课程等进行有体系、有研究、有实践基础的课程体系建设。二是开发优质专题资源，系统梳理各级各类培训项目中的优秀专题讲座或专题工作坊的视频教程，形成内容丰富、结构完整的优质专题视频讲座资源库，方便各类培训项目使用以及供广大中小学幼儿园校长、教师选择学习。三是发掘优质微课资源，针对知识类课程或技能型课程，开发以前沿成果、知识点或技能点讲授为核心的微课，供干部教师利用碎

① 王新美：《基于多维多源用户特征的特殊教育资源个性化推荐服务研究》，《教育传播与技术》，2022年第6期，第85—91页。

片化时间进行自主选择学习[①]。

2. 构建互联互通的学习共同体

研究表明，促进教师深度学习的重要因素之一是为其提供相互支持与情感共融的共同体文化，以及共同体内相关的活动与反思。北京教育学院汤丰林教授在访谈中提到，“在过去的调研中发现，教师更希望有同伴之间的交流，利用网络平台实现超越时空的学习和研讨”。教师依托经验学习，一是对自我经验的领悟和反思，二是对他人经验的理解、借鉴与融合。教师的学习过程中，不仅需要专业支持，情感支持也非常重要，构建积极向上的合作文化，培育有利于学习的实践共同体环境，是情感支持的重要来源，教师愿意在充满信任的环境里完成富有挑战性的任务[②]。

然而，传统的线下或者线上培训受限于学习环境和课程安排，通常一次、两次培训结束后，学习者就各自分散了，没有形成能够持续交互的共同体，但混合式研修恰好能弥补其中的不足，具有更好的陪伴性。北京师范大学冯晓英教授在访谈中提到：“混合式研修能够促成线上线下循环迭代。专家和同伴之间跟踪式的支持、陪伴和反馈，是培训项目的成功因素。”在她看来，混合式研修项目是一个持续的过程，学习者经过线上或线下研修，回到实践中发现问题，再回到线上，通过查阅资料、同伴交流、专家针对性的解答等方式来获取支持。因此，构建互联互通的教师学习共同体，让不同区、不同学校的教师联通起来，可以成为混合式研修中非常重要的目标或者路径。让教师发挥能动性，成为贡献者；每位教师都深度参与，分享自己的实践经验和知识，使研修更加深入。仍以通州区骨干教师培训为例，来自不同学段、不同学科和不同学校的教师参与了研修。首先，教师在线下共同体验、观摩、听讲座等，然后分成小组，以线上工作坊的形式，由导师手把手带领教师做研修设计。在工作坊研修中，同伴间充分交流、互评和反馈，实现了跨学校、跨学段、跨学科的共同体建设。

---

① 汤丰林：《首都干部教师高质量培训的体系构建与机制优化》，《北京教育学院学报》，2023 年第 1 期，第 1—7 页。

② 李宝敏、宫玲玲：《基于工作坊的混合式研修中教师学习现状及支持对策研究》，《教师教育研究》，2018 年第 2 期，第 49—58 页。

每位教师都有所贡献，这样“生成式”的研修发挥出了意想不到的效果和价值。在这样一个共同体中，有来自不同学校环境和背景的对话，也有不同学科的对话，例如初中和高中物理教师的对话，数学和英语教师在教学方法上的碰撞，激发了许多有建设性的想法，引起了思考。这些实践者间的对话，在潜移默化中帮助参与者养成批判性思维，而深度学习也在这个过程中实现。实际上，在短期的研修结束之后，学习共同体仍然可以依托线上和线下平台将交流持续下去，成为教师专业成长的社群。不同专业背景却秉持共同价值与目标的教师，通过沟通、合作建立一个多元、专业、分享、创新的互动式学习形态。遇到问题时，通过社群的对话与同侪互动，激发反思与批判能力，凝聚认同与归属感，在此过程中不仅获得了专业支持，同时也收获了情感共鸣和支持，使教师拥有主动进步与持续进步的动力[①]。

3. 推动研修与实践的迁移转换

理想的混合式研修能够充分发挥线上与线下研修各自的优势，将研修与实践高度融合，在研修中实践、在实践中研修，不断聚焦实践中的问题[②]，最终转化为成果。

线上研修具有灵活、开放、覆盖面广的特点，非常适合作为通识培训的方式，对于“讲授”类活动可以制作成可供反复回看的线上学习资源，提高效率。相比之下，线下研修的集中性、参与性更强，更加适合细致深入的对话。因此，实操、实境学习则是线下研修更为合适。智能技术能够为教师专业发展创设基于真实教学情境的、线上线下与教学现场融合的全时域的学习空间，促进真实任务驱动的问题解决式学习，并带来沉浸式的学习体验，从而激发教师的内在动机与深度参与。例如，近年来颇受欢迎的多地多校教师远程同课异构活动，就是通过网络视频会议和直播技术将线上线下与教学现场融合、为教师创设真实教学情境、帮助教师解决真实教学问题的混合式研修活动[③]。在世界数字教育大会上，陆云泉校长也介绍

① 王丽、程纯：《教育管理视域下专业学习社群的逻辑样态与可为路向》，《江苏高教》，2023 年第 2 期，第 35—40 页。

② 申军红著，罗滨主编：《中小学骨干教师研修指南》，北京：教育科学出版社，2021 年，第 125 页。

③ 冯晓英、郭婉瑢、黄洛颖：《智能时代的教师专业发展：挑战与路径》，《中国远程教育》，2021 年第 11 期，第 1—8，76 页。

了学校的教育生态智慧系统:“在教师培养方面,教研可以实现线上线下结合,多校区实时线上交互式协同教研。学校引导教师通过远程同步教研,利用真实场景下互动研讨的方式,精准描画学生学习图谱①。”

混合式研修为成果转化和落地提供了解决思路。如何让教师的专业学习和培训更加有效果,是培训实践中的难点和痛点。过往的培训经常以专家讲授和技能培训为主,而理论与实践之间存在脱节,其中的内容需要依靠教师自身理解、吸收并转化为能力。混合式研修通过线下工作坊、线上研修、跟岗实践的无缝衔接与循环迭代,实现教师实践场景与专业学习场景的融合②。这样一来,教师吸收的知识能够很快应用于实践,并及时得到在场的同伴交流和专家指导,同时也能够依托线上平台持续分享和改进。理论与实践的交融和转化在线上(online)和现场(onsite)多种场景得以实现,在把所学知识迁移应用到实践的过程中,深度学习也就发生了。

四、关键人群:激活培训者队伍的专业自觉

2018年中共中央、国务院《关于全面深化新时代教师队伍建设改革的意见》中提出“建立健全地方教师发展机构和专业培训者队伍,逐步推进区县教师发展机构建设和改革”③。在这样一个专门针对教师队伍建设的国家级文件中将“培训者”前面冠以“专业”一词,体现了用专业培训者实施教师培训的国家意志,④ 因此对培训者专业化的问题必须予以高度关注。

专业培训者队伍是支撑区域内教师专业发展的关键力量,这支队伍包含了教师发展机构的管理者、教研人员、培训组织实施者与研究者。随着我国对教师培训投入的不断加大,人们对于教师培训的质量寄予了更高的

① 北京一零一中教育集团总校长陆云泉:《信息技术赋能基础教育 场景应用助推师生成长》。http://m.moe.gov.cn/jyb_xwfb/xw_zt/moe_357/2023/2023_zt01/pxlt/pxlt_jcjy/202302/t20230216_1045195.html,2023-02-16/2023-02-22.

② 冯晓英、郭婉瑢、黄洛颖:《智能时代的教师专业发展:挑战与路径》,《中国远程教育》,2021年第11期,第1—8,76页。

③ 中共中央、国务院:《关于全面深化新时代教师队伍建设改革的意见》,2018年1月31日。http://www.gov.cn/zhengce/2018-01/31/content_5262659.htm.

④ 刘伟菁、郑文年:《区县教师发展机构培训专业化现状及发展路径探索》,《中小学教师培训》,2021年第10期,第10—14页。

期待，不仅希望打造专业化的培训者队伍，更希望他们在专业化进程中，可以形成专业自觉，即把职业活动当作研究对象，能够理性审视自身的专业水平与职业活动，不但可以自觉意识到提升专业水平的紧迫性、主动性和积极性，还能敏感捕捉到专业活动中存在的问题并加以创造性解决。

在培训者队伍专业发展过程中，虽然通过对培训者提出要求也可以对其能力提升起到促进作用，但如果仅期望通过高要求，就可以让培训者在工作实践中自动地提升专业水平，是不太现实的。综合访谈专家的观点及文献研究，未来应该系统建构培训者专业发展的支持体系，通过标准体系的建设、科研共同体的构建、鼓励培训者深入实践的机制研究，来真正激活培训者队伍的专业自觉，从而使培训者队伍的能力水平实现本质性的提升。

1. 建设标准体系：积极融通培训领域研究成果

在所有职业的专业化发展过程中，规范和标准的建立都是一件具有里程碑意义的事件，作为“培训专业化”的一个外显指标，培训者应具有自身独特的职业要求和职业条件。规范和标准将为培训者提出专业发展的目标及方向，提供评价考核的依据，并为整个培训质量保障体系的运作确定起点。①

在教师专业化进程中，我国已逐渐形成了一定数量的标准作为教师专业化发展的见证。比如“教师专业标准”“校长专业标准”等。但在“教师培训专业化”的进程中，还没有形成行业公认的标准体系。海淀区教师进修学校校长罗滨在接受访谈时说：“在培训者队伍建设上，专业标准是方向，有了标准我们才可以评价工作做得好还是不好，才可以有清晰的判断。”

通过文献梳理发现，随着教师培训工作的发展，当前对培训者的能力要求也已达成一定的共识，即普遍关注培训政策、培训理念、学科理论、学科教学、方案研制、课程资源开发与利用、活动组织、培训方式方法、效果考核等要素，实践中也主要聚焦在“培训设计”和“培训实施”两个方面。相对而言，这些对培训者能力的要求多是研究者在教育领域内，甚至更多

① 闫寒冰、魏非、李宝敏：《教师培训专业化现状及发展路线图——从“国培计划”的实践误区说起》，《现代远程教育研究》，2013年第5期，第43—50页。

是基于经验来思考的，因此“培训设计”“学习支持”“课程开发”等大都是将“大教育”的研究成果迁移到培训领域。而对于“人力资源管理”“绩效管理”这些原本在培训方面就卓有建树的领域，却少有人去关注；对一些已有的成熟标准、策略和方法更是少有借鉴，需要博采众长，努力研究。所以在标准体系建设环节，还应考虑通融其他培训领域的研究成果。比如企业培训在培训模式、培训实效、系统性设计和评估管理方面均有优于教师培训的表现。①

比如华东师范大学闫寒冰教授提到的全球范围内培训领域最大的协会——“美国培训与发展协会”(ASTD)，在2013年发布了ASTD培训与发展专业能力模型，为培训者的能力标准建立了新的模型，该模型包含了培训与发展从业人员应该具备的6种基本能力和10种专业领域能力。基本能力包含：商业技能、全球化思维、行业知识、人际交往技能、个人能力、技术素养6个方面；专业领域能力包含：变革管理、绩效改进、教学设计、培训提供、学习技术、学习效果评估、管理学习项目、综合人才管理、指导、知识管理等10项能力。从能力标准的覆盖面来讲，“教学设计”和“培训提供”仅为众多能力中的两种，而“全球化思维”“人际交往技能”等基本能力和“综合人才管理”“知识管理”等专业领域能力在我国的培训中却很少涉及。从能力标准的前沿性来讲，“指导”“变革管理”等作为新的热点已纳入标准体系，为培训者关注差异、关注个性、发掘学员潜能提供了强有力的支撑。②

所以，建立科学系统的标准体系，需要积极融通借鉴培训领域的研究成果，加强不同领域学者之间的合作，更需要加强培训者与国际之间的交流，不断地打开视野，学习最先进的培训理念和管理经验，通过不断探索制定出更加符合实践需要的标准，使标准真正为培训者的发展指明方向，帮助培训者在面向实践的深度培训中起到示范引领作用。

---

① 闫寒冰、魏非、李宝敏：《教师培训专业化现状及发展路线图——从“国培计划”的实践误区说起》，《现代远程教育研究》，2013年第5期，第43—50页。

② 同上。

2. 培养研究能力：建设以课题为载体的科研共同体

问卷调查结果显示，培训者普遍认为需要提高培训的针对性、精准性和实效性，通过文献研究和专家访谈也发现，要想实现培训的精准和时效目标，对培训者的能力要求普遍聚焦于政策把握、项目策划、调查研究、管理评价、点拨升华等。专家认为，在这些能力中最核心的是研究能力。因为研究是钻研探索，探求事物真相、性质和规律的能力和习惯，培训者需要在这种能力的支持下才能探索出培训规律，才能具备类似中医望、闻、问、切的诊断能力，继而走进校(园)长、教师的真实需求和内心世界。这样的培训者队伍才能提供优质的专业支持，并逐渐获取培训者的专业地位和专业话语权。

根据北京市目前培训者队伍的学历情况看，具有研究生学历的培训者占整个队伍的20.71%，具有大学本科学历的占78.9C%，从此数据看，大部分培训者并未在职前接受过严格的学术研究训练，且因为培训者行业还没有真正以学科建制出现，所以这些培训者均来自不同的学科背景，没有接受过教师培训学自身的理论框架、知识体系、方法体系的学习。所以从源头上来说培训者职前的培养就呈现出缺失状态。①

高质量培训体系的建设需要培训者养成以研究的方式开展工作的思路和习惯，并用这样的习惯对自己所从事的工作做深入的探索。

比如，面对“培训谁”的问题，表面上看是要解决培训对象的选择和确定的问题，一般意义上可能更关注培训对象的人数、学科、学段、岗位、职位、职级、学历、年龄、性别等基本情况。但对于一个有研究思路和习惯的培训者来说，在“培训谁”的问题背后，需要对“谁”的意义进行再分析，即对学员个体培训需求开展深度分析，如：学员知识结构如何，专业能力处于什么水平阶段，对该培训项目的期望与需求有何共同与差异，学员作为培训资源有何特征以及如何支持培训等。这些分析结果是为学员提供个

---

① 刘伟菁、郑文年：《区县教师发展机构培训专业化现状及发展路径探索》，《中小学教师培训》，2021年第10期，第10—14页。

性化学习与针对性培训的切入点，可使培训主题更加明确。[①]

北京开放大学校长褚宏启在接受访谈时说："培训者要对干部和教师所需要的知识框架、维度有总体的判断，提供给教师的知识应是：有用、好用和够用，即在表述、呈现方式上通俗易懂，喜闻乐见，内容上覆盖教师的工作领域、教师的专业标准。这需要培训者做研究，去研究干部教师的真实需要，并能把理论性知识向实践性知识转化。"

在培训者研究能力的培养上，可以通过构建培训者科研共同体，以课题研究作为重要的载体，来促进教师科研能力的提升。因为课题研究是有意识、有目的的研究活动，为了共同的研究目标，具有不同知识背景、思维方式的参与者进行交流、沟通，能够使研究活动扩展至更为广阔的范畴，激发参与者进行研究创新。以课题为载体进行培训者科研共同体构建，可以通过课题形成系统任务框架，通过分任务之间的关系，把参与课题研究的培训者联结在一起，形成共同体成员的身份意识，并在实践中一致行动，相互合作与分享，发挥团体力量共同协作完成课题研究任务。这样的科研共同体具有目标一致性、行为合作性、成员组织性、主体团结性等特征。[②]不仅能够让培训者对实际工作中存在的问题有意识、有目的地进行研究和创新，寻找解决途径，并能够通过课题任务主动与其他相关参与者进行链接，使之合作互动。

在具体实践中可以通过规定课题目标，形成培训者共同追求的研究目标；借助课题内部互动，促进培训者课题研究的交流与合作；对课题进行整体管理，增强培训者研究课题的组织意识等方式对科研共同体进行建设和规范。原海淀区教工委书记助理、海淀区教育党校常务副校长陈岩在访谈时说："科研的作用是很关键的，教师们带着工作中的问题来参加培训，培训者如果能帮助教师组成科研小组，以合作式项目式开展探究，既开展了培训也解决了实际问题。"

---

① 余新：《有效教师培训的七个关键环节——以"国培计划——培训者研修项目"培训管理者研修班为例》，《教育研究》，2010 年第 2 期，第 77—83 页。

② 蒋红卫：《以课题链为载体的教师科研共同体建设研究》，《教育理论与实践》，2022 年第 17 期，第 27—30 页。

在教师培训"专业化"理念指引下，培训者以专业化作为自身发展的追求，以课题研究为载体共创科研共同体，通过群体共建积极的研究环境并提升研究能力，最终以研究能力的提升带动对培训规律的理解和把握，才能共同塑造出培训者领域的专业地位和专业话语。

3. 深入教育一线：把实践研究成果转化为课程

问卷调查结果显示，教师最喜欢的培训者具备的特点是："熟悉一线教学实践，能够开展案例分析"，占比为76.5%，这一数字也在一定程度上说明教师对培训者具有一线教学实践经验从而可以更精准地指导教学的期待。调查结果同时显示，目前北京各区域有相对较高比例的培训者没有在学校工作的经历，如何提高对实践重要性的认识和补充实践经历，或将成为接下来培训工作要思考的一个角度。

国家教育行政学院教授于维涛在接受访谈时提到："要推动北京市培训者队伍的专业化一定要到课堂去。如果说培训专业化的终点是课堂，那么管理的尽头也是课堂。"原海淀区教工委书记助理、海淀区教育党校常务副校长陈岩在接受访谈时也提到："培训者的专业性体现在能精准洞察一线干部教师的显性需求和隐性需求。"

培训者要走进学校，走进课堂，走进不同层次的教师中才能懂得教师，懂得教学规律，才能不断地研究教师成长和发展规律，研究课堂教学问题及其解决策略，在此基础上，才能"换位思考"，及时了解一线教师最需要什么样的培训。江苏省教师培训中心原常务副主任严华银在接受访谈时说："我在培训工作实践中最深的体会是，最迫切需要'改变'的恰恰是研究培训、决策培训和具体实施培训的人们，也就是培训者自己。"培训者需要走进一线，才能理解很多培训者觉得不好回答的问题，到了学校和课堂的教育现场，常常不仅豁然开朗、迎刃而解，还会获得新的灵感和启发。

北京小学校长李明新谈到，在新课标发布后，各科教师都有困惑，如语文课标的变化非常大，教师不明白什么叫"学习任务群"，不清楚如何落实。课程专家、教材专家、教学专家、一线教师之间没有在理解上达成一致。学校觉得在1—2年内，迫切需要对教师从理论到实践在变化的理念与课标概念上进行培训。面对一线这样急迫性的需求，马上就可以针对如何认识和使用新课标、新教材设计针对性的培训，并在此基础上设计出相应的课程。这样的课程可以说是精准把握需求、针对性极强，实现从需求到课程的飞跃，是激发培训者学习和提升积极性的最好动力。

深入教育一线，为培训者队伍的成长和工作融合提供了可能。上海市教师教育学院党委书记周增为说："教师的成长一定是在学生的成长中反映出来的，要挖掘学校案例作为研究对象，对学生学习实践进行研究。"培训者的成长，也一定是在教师的成长中反映出来的，同样也需要挖掘学校的案例作为研究对象。

教育部中小学校长培训专家组成员、广东省中小学校长培训中心副主任龚孝华介绍了自己对一线实践进行研究的思路，即"一校一案"。根据学校特点把学校分为 4 类进行研究，即新校如何一办成名、薄弱校如何快速优质化、优质校建设重点、优质名校的持续优化。围绕这 4 类学校先后找到 30 位校长典型，针对其如何办校分别做整体性研究：新校的特点和需要抓住的关键要素；薄弱校需要的条件、动力；优质校、优质名校的重点和关键点；等等。这些研究的成果，最终可以形成针对校长的培训课程，以更务实的路径，在培训者的工作与其自身的专业成长上实现很好的融合。

深入教育一线，在教育实践中把培训者的工作和个人的专业成长融合，针对当前课程改革体系中学校和教师面临的专业实践问题不断研究和探索，把研究成果转化为课程，和一线教师增加互动和反馈，不断地在满足一线需要的实践探索中养成培训者的专业能力和智慧。

五、关键效果：走向动态聚焦的精准培训

《新时代基础教育强师计划》明确了新时代基础教育教师队伍建设近期与中长期目标，提出到 2025 年教师培训实现专业化、标准化，并在第八条专门阐述"深化精准培训改革"，其中提到了理念和方法变革，完善省域内教师发展机构体系和队伍，优化培训内容，创新研修模式等内容。目前，学术界对于精准培训的内涵并没有统一的界定，但大致可从以下四个方向进行阐释。一是从群体到个体：不同教师处于不同发展阶段，精准培训要充分考虑个体需求；二是从关注结果到关注过程：大部分培训只关注预先

的计划和安排是否完成，精准培训更注重过程性和陪伴式指导，以及在这个过程中学习者和培训者的收获；三是从静态到动态：随着培训项目的开展，新的培训目标和生成性的内容可能会出现，精准培训就是要根据实际情况，及时调整以匹配需求；四是从培训者到被培训者：以往的培训多为培训者导向，专家擅长什么就提供什么课程，精准培训则是从被培训者角度出发，匹配合适的专家和培训内容。

实际上，精准培训就是一个不断瞄准方向的过程，具体而言，可以从以下三个方面发力：锚定系统目标，把握动态需求和建立动态画像。

1. 锚定系统目标，多级联动针对性突破

培训内容求大求全、系统性不够是影响精准培训的不利因素。因此，应当明确培训的核心目标，给培训“做减法”。北京小学李明新校长认为：“现在的一个突出问题是，干部教师培训主体较多，使得干部教师精力牵扯过多。部分教师既是教师也是干部，双重角色接受双重培训，会导致出现应付的状态。”目前已经形成的市、区、校三级培训体系，各级主体在设计培训课程的过程中都本着对标政策、对标要求的原则，这间接造成了同一主题多级培训的问题。北京市委教育工委委员、市教委副主任孙其军在北京市“十四五”时期中小学干部教师培训工作推进会上指出，要加强政府、培训机构、培训资源横向统筹，以及市、区、校纵向三级统筹，建立纵横交错的培训体系和培训资源库。作为培训组织者应具有更宏观的视野，做好国家、市、区、校各层级培训目标和内容的统筹，明确各培训主体分工，更好地兼顾教师有限的学习时间，提升培训的精准程度。

为了改善这一现状，一是要紧跟党中央重大决策部署，深入学习和领会最新政策文件精神，从中寻找方向；二是要立足国家、市、区、校多级培训体系，不只是从本级工作出发，更要向上兼容、借助上级单位的资源力量，同时也要对下引领指导，统筹协调，明确各级分工。例如丰台区教委郝玉伟主任提到：“从哲学角度讲先见森林，再见树木，越想精准越应该有宏观的策划。就像点穴，应该看遍全身了解病情，而不是上来就奔着穴位来。从设计上来说，培训要与时俱进、与政策相关。市区的培训最重要的是贯彻落实国家政策，这是基本任务；而学校作为基层，既要仰望星空又要脚踏实地。”国家教育行政学院于维涛主任则对分工提出了建议：“北京市要把握方向，服务于国家‘教育现代化’这个中心工作，抓骨干建设；区级要抓全员，比如完成规定的学习任务；校本要抓常态。”在他看来，不同层级之间有分工也有协作，市、区、校各级要在国家和北京市相关政策引领下，共同做好未来的培训规划。北京师范大学朱旭东教授指出：“北京市作为首都，应当在国家政策制定、落实、宣传等诸多环节上发挥干部教师队伍建设方面的领头作用。同时，北京本土也要培养一批优秀校(园)长和教师，站在国家层面上，服务于国家基础教育发展。市级机构应该有预判，精准发现和培养可担当领头责任的优质干部教师队伍。”

市、区、校需要发挥各自优势，在明确目标的基础上分工协同。身处其中的每个培训(管理)者，心中都应该了解培训体系的全貌，明确服务对象的需求，从而整合各级各类资源为自己所用。以网络培训资源为例，国家层面有国家中小学智慧教育平台，其特点是分类多、范围广，包括德育、课程教学、体育、美育、家庭教育等方方面面的内容，尤其关于党史学习的内容十分丰富，但多数主题下针对同一话题的资源较为有限。北京市级层面上线了“十四五”中小学教师培训公共必修课，提供全市教师需要重点学习的内容，主要涉及思想政治素质与师德修养、教育政策与理论、学生发展与现代信息技术等通识性内容。北京市各区大多数有自己的干部教师研修平台，多采纳各自区域的优势资源，体现了本土化的特点。学校层面更是“百花齐放”，各具特色，但不同学校之间反映出较大的差距。由此可见，从国家到市、区、校的层级不同，工作重点也不同。北京教育学院教育管理与心理学院(教育干部学院)院长胡淑云在访谈时提到：“优秀的高水平的培训师资是有限的，市级集中力量做高端培训，区级加大对校本的统筹和指导。”新时代背景下，北京市级层面要充分使用国家在干部教师培训上的相关资源与项目支持，在干部教师培训工作中做好方向与价值引领，发挥好重点示范、引领及均衡作用。区级层面则应当发挥好中枢作用，动态把握学校需求，挖掘本区优势和特色，发挥与学校紧密联系的优势，在德育、课程教学、体育、美育、家庭教育等方面提供实践指导价值更大的培训课程，为本区学校、干部教师提供成长支架。学校则应更紧密地围绕问题和教师的动态真实需求，在有机融合国家、市、区级各类资源的前提下，设计开发能切实解决问题、满足需求的培训课程。精准培训视角下，目标是动态变化的，但也需要市、区、校聚焦共同目标，紧跟时代步伐，系统推进、重点突破。

2. 把握动态需求，提供跟进式培训内容

培训内容不够精准的另一个主要原因是，没有找到培训对象的真实问题和真实需求。教师的需求往往动态生成于教育教学现场，分析把握动态需求对精准培训的落地至关重要。而精准培训的前提则是了解一线现状，就真实问题进行诊断和回应。所谓诊断式培训就是要对真实问题进行诊断，这能够解决问卷调查中提到的“内容供给靶向聚焦不够”的问题。同时，也不能指望通过一次培训解决所有的问题，而是需要结合干部教师的成长、发展进行跟进式的指导。通过诊断，挖掘教师隐性需求；依托过程跟进，把握动态生成的需求。培训者通过聚合多层次需求，实现精准培训。

此外，以往的一些培训关注的是显性需求而非隐性需求，比如在培训设计之初发放调查问卷，询问干部教师有哪些困惑，这种方式得到的有效反馈往往有限。就像北京市三帆中学陈国治校长所说：“这就跟教师平时直接问学生：‘你哪里不会?’类似，其实学生是答不上来的。”同时，他也就这一问题提出了建议：“培训者要到校做实地研究，跟踪教师教育教学工作，研究教师的真实需求。与一线交流，才能精准收集培训需求。”来源于实践的真实需求和真实问题通常比较“精细”，而非“大而全”。而“内容供给靶向聚焦不够，容易求大求全”正是问卷调研中，校(园)长和培训者们提到最多的制约精准培训的因素。那么，什么样的问题是教师关注的“真问题”呢?北京小学李明新校长给出了自己的解答：“精准培训要做好方向性和具体化问题的结合。例如，想要进行作业评价的改革，那么教师培训的内容就要聚焦到作业怎么留、怎么写评语、怎么判卷上。”

可见，诊断式培训和跟进式培训通常依托于教学现场。如某幼儿园在“小班幼儿常规培养策略的诊断性教研”活动中，各班教师将自己班级常规中存在的一些问题拍成照片、录像作为案例，有的教师针对班级活动空间小、布局不合理的问题，提供了幼儿在如厕、喝水环节的照片，供大家分组讨论如何优化空间路线设计；有的教师将班级幼儿在过渡环节秩序混乱、动作拖沓的现象拍成录像，让参加教研的教师在观看录像时发现产生问题的原因并结合自己的经验提出解决方法，并进行现场模拟等①。这种类似于医院专家会诊的方式，精准聚焦真实问题，且为每一位参与其中的教师提供了发声的机会，能够让深度学习真正发生。在科技发展日新月异的今天，越来越多的新技术逐渐被应用于教育场景，依托技术手段能够更加快捷、准确地帮助我们实现动态需求的汇聚、分析和挖掘。

3. 建立动态画像，人机协同精准评估

早在2018年，教育部办公厅就在《关于开展人工智能助推教师队伍建设行动试点工作的通知》中提到“采集教师教学、科研、管理等方面的信息，形成教师大数据，建立教师数字画像，进行教师大数据挖掘，支持学校决策，改进教师管理，优化教师服务”。在人工智能助推教师队伍建设的背景下，教师画像的兴起与应用为教师专业学习效果的提升提供了契机，促使相关研究从“用经验说话”转向“用数据说话”②，也提升了精准程度。数字画像通常是指搜集每名学员的过程性数据，借助技术手段进行学员画像及评估，使得评价结果更加客观、准确，从而提供个性化支持。而教师画像则是通过抓取和分析与教师教研紧密相关的数据，通过数据挖掘和用户画像技术来构建的虚拟教师模型。模型是教师个体标签体系的集合，能够描述教师的特征、需求、偏好和行为③。

如何通过数字画像为教师专业发展赋能，已有一些机构做出了有益探索。华中师范大学于2021年启动教师数字画像评价指标体系研究，打造以数据为基础的教师数字画像和多元评价体系，从师德修养、专业知识、教学能力、教研能力、育人能力、社会影响和多方评价等维度动态描述教师数字画像，为教师工作减负、专业发展赋能④。我国正在部署建设的教师

---

① 丘红英：《诊断性教研下幼儿园新教师的专业成长路径研究》，《幼儿教育研究》，2020年第3期，第8—10页。

② 刘冬萍：《基于教师专业画像的学习路径研究》，博士学位论文，东北师范大学，2022年。

③ 胡小勇、林梓柔：《精准教研视域下的教师画像研究》，《电化教育研究》，2019年第7期，第84—91页。

④ 《人工智能，赋能教师队伍建设》，《中国教师报》，2022年7月13日13版。

数字化学习平台，一方面可以建立教师个人学习空间和成长档案袋，受训教师参与培训的学习行为数据、过程性资料、学习成果等自动留存、汇聚、归类，使评价更全面、更丰富且“有据可依”。另一方面，可以构建受训教师评价模型，为监测受训教师专业学习质量提供全面综合的评价维度与指标，其中既有针对培训成效的总结性评价，如理论知识、实践能力提升等，也有针对受训过程的形成性评价，如教师的培训参与度、投入度等①。

在数字化转型背景下开展精准研修，信息技术发挥着至关重要的作用。与此同时值得注意和警惕的是，在基于技术、标准和模型的背景下，有一种倾向是过于强调技术在画像中的作用，而忽视了“人”的作用。北京师范大学冯晓英教授认为：“从理论上讲，大家希望通过大数据和智能技术能够实现自动画像。但由于教育的复杂性，现在采用的方式是人机协同，既有基于数据的分析，同时也要发挥专家组的作用，根据数据进行界定和解读。”人和技术协同的过程中，人的作用非常关键，要通过不断观察、循证，更好地落实精准培训的要求。

坚持以马克思主义教育观为统领推进教育现代化，就要更加突出以人民为中心的发展理念，即坚持以人的现代化为核心推进教育现代化②。过往我们更多关注干部教师的专业发展，但实际上情绪情感的数据也应当纳入考虑范畴。尽管情绪体验在教师的专业发展中占据重要地位，作为教师情感受事物作用的外在表现，影响着教师的教学情感、教学行为、师生交际以及教师对自身专业身份的认知等教师专业发展的诸多方面，但相关学者除了对教师的专业身份、教学焦虑、职业倦怠等进行一般性的研究之外，极少关注教师情绪，特别是教师的即时情绪。有研究者采用定性的案例研究方法，对新手数学教师的日常情绪进行即时采集，收集不同教师的情绪和情绪激发条件，从而为参与其中的教师提供有针对性的建议，帮助他们更好地适应环境和成长③。因此，在建立数字画像的过程中，除了专业能

① 任友群、冯晓英、何春：《数字时代基础教育教师培训供给侧改革初探》，《中国远程教育》，2022 年第 8 期，第 1—8，78 页。

② 桑锦龙：《以教育现代化支撑中国式现代化：历史进程及发展主题》，《清华大学教育研究》，2022 年第 6 期，第 7—12 页。

③ 王龙：《中学新手数学教师情绪测量的实证研究》，硕士学位论文，四川师范大学，2020 年。

力评价，情绪情感方面的信息的收集也应当纳入其中。

总之，培训回归到本质是做人的工作，通过技术和人的合力，更大程度地发挥培训者甄别需求、聚焦问题的能力，让干部教师培训工作专业化、个性化，有深度、有温度，才是“深化精准培训改革”的应有之义。

后　记

教师队伍的高质量发展是高质量教育体系构建的关键所在。从习近平总书记关于教育的重要论述到《关于全面深化新时代教师队伍建设改革的意见》《新时代基础教育强师计划》等系列文件的印发，都为北京市基础教育教师队伍明确了方向。《"十四五"时期北京市中小学干部教师培训工作方案》明确了要健全高质量干部教师培训体系，完善干部教师培训的管理体制与运行机制，为首都基础教育高质量现代化发展提供坚实的人才保障。《北京市基础教育干部教师培训发展报告(2021—2022)》也正是立足文件精神，对标方案落实，希望从政策、理论、实践维度，从数据、案例、分析等方面呈现首都在干部教师体系建设中的探索、发展与创新。

《北京市基础教育干部教师培训发展报告(2021—2022)》从构思、撰写到成书得到了市、区、校三个层面各方领导、专家和同人的大力支持。在报告撰写过程中，编写组梳理分析了 2021—2022 年党中央及北京市颁布的有关干部教师培训的相关政策；汇总分析了市区两级干部教师培训的数据与案例。编写组也调查了全市 18 个区级干部教师培训机构及一线中小学幼儿园的 1 万多名校(园)长、教师，了解全市干部教师培训工作在实践中存在的主要问题、一线校(园)长及教师的需求及期待，在此对所有参与调查的校(园)长及教师们表示感谢。

为了能够明晰北京市基础教育干部教师培训工作需要关注的重点与方向，编写组也邀请了 20 位来自高校、培训机构的专家以及一线名校长，对当下北京市基础教育干部教师培训工作存在的主要问题及未来可能的发展方向进行分析。在此，我们也对所有给予报告编写工作指导的专家(按姓氏笔画排序)于维涛、田国秀、冯晓英、朱旭东、汤丰林、严华银、李明新、陆云泉、陈岩、陈国治、罗滨、周增为、郝玉伟、胡淑云、班建武、高勤丽、郭垒、龚孝华、褚宏启、蔡春教授表示衷心感谢！

除本书编委以外，衷心感谢各区干部教师培训机构领导及参与编写案例的教师为本次报告撰写付出的劳动、贡献的智慧，限于篇幅，无法一一列出所有参与者名字，在此一并表示感谢！

《北京市基础教育干部教师培训发展报告(2021—2022)》是在市教委领导指导下，在北京市教师发展中心统筹下，汇总、梳理、分析市区两级数据、案例，融合各方领导专家同人智慧萃取提炼而成。未来，我们也将持续优化报告框架，与领域内研究者、实践者更为紧密地交流合作，共商共研，为北京市基础教育干部教师高质量培训体系建设贡献智慧，助力高质量人才培养。

最后，感谢首都师范大学出版社对于此次出版工作的大力支持，感谢编辑老师高效率、高质量的编审。

本书编写组

2022年12月